"中安联合投资集团有限公司博

消费养老模式下
我国居民消费养老意愿
及企业定价相关研究

王进 ◎ 著

河海大学出版社
HOHAI UNIVERSITY PRESS

· 南京 ·

图书在版编目(CIP)数据

消费养老模式下我国居民消费养老意愿及企业定价相关研究 / 王进著. -- 南京：河海大学出版社，2024.8. -- ISBN 978-7-5630-9253-6

Ⅰ. F842.67

中国国家版本馆 CIP 数据核字第 2024U0U354 号

书　　名	消费养老模式下我国居民消费养老意愿及企业定价相关研究
	XIAOFEI YANGLAO MOSHI XIA WOGUO JUMIN XIAOFEI YANGLAO YIYUAN JI QIYE DINGJIA XIANGGUAN YANJIU
书　　号	ISBN 978-7-5630-9253-6
责任编辑	齐　岩
文字编辑	黄　晶
特约校对	董　涛
装帧设计	江南雨韵
出版发行	河海大学出版社
地　　址	南京市西康路 1 号（邮编：210098）
电　　话	(025)83737852（总编室）
	(025)83722833（营销部）
经　　销	江苏省新华发行集团有限公司
排　　版	南京布克文化发展有限公司
印　　刷	广东虎彩云印刷有限公司
开　　本	718 毫米×1000 毫米　1/16
印　　张	10.75
字　　数	169 千字
版　　次	2024 年 8 月第 1 版
印　　次	2024 年 8 月第 1 次印刷
定　　价	58.00 元

前言

在现代社会,随着人口老龄化的加速,养老问题逐渐成为全球面临的共同挑战。在这个背景下,消费养老模式作为解决方案之一,吸引了政府、企业乃至整个社会的广泛关注。本书旨在深入探讨消费养老模式的各个维度,包括模式的基本理论、实践应用、市场需求以及技术支持等多个层面。我们尝试从居民的消费养老意愿出发,探索其形成机制、影响因素,以及如何通过科学方法进行有效测量。同时,本书也详细分析了企业参与消费养老市场的动机、挑战与策略,为企业提供了实践中的深刻见解。

随着研究的深入,我们发现消费养老不仅仅是一个经济问题,它还涉及社会、技术、法律等多个领域。因此,本书将视角拓展到金融支持与创新、政策与法律框架及技术应用等方面,力图构建一个多元化的讨论平台。我们希望通过对消费养老市场的全面分析,为政策制定者、企业决策者提供有价值的参考,并为对养老产业感兴趣的学者和公众提供一定的见解。

本书致力于提供最新的研究成果以及在实践中的应用经验。书中所涵盖的内容丰富、视角多元,不仅对当前的消费养老问题有着深刻的理解,也为未来的研究方向和实践提供了思考的基础。在这个充满挑战与机遇的时代,消费养老作为应对人口老龄化问题的重要途径,其重要性不言而喻。我们希望本书能够为推动消费养老模式的发展、完善相关政策法规以及促进企业和社会整体参与提供有力的支持。让我们共同期待,在未来,消费养老能够成为提高老年人生活质量、促进社会和谐发展的重要力量。

目录

第一章　消费养老模式基础 ……………………………… 001
　第一节　消费养老模式定义 ……………………………… 001
　第二节　模式发展背景 …………………………………… 010
　第三节　养老模式分类 …………………………………… 016
　第四节　消费养老的特点 ………………………………… 021

第二章　居民消费养老意愿 ……………………………… 027
　第一节　意愿的理论基础 ………………………………… 027
　第二节　影响意愿的因素 ………………………………… 033
　第三节　意愿的测量方法 ………………………………… 038
　第四节　居民意愿分析 …………………………………… 043

第三章　企业在消费养老中的角色 ……………………… 049
　第一节　企业参与的意义 ………………………………… 049
　第二节　企业参与模式 …………………………………… 054
　第三节　企业面临的挑战 ………………………………… 060
　第四节　企业成功策略分析 ……………………………… 066

第四章　消费养老市场分析 ………………………………… 072
第一节　市场需求分析 …………………………………… 072
第二节　产品与服务供给 ………………………………… 078
第三节　市场竞争格局 …………………………………… 083
第四节　消费者行为研究 ………………………………… 089

第五章　消费养老金融支持与创新 ………………………… 095
第一节　养老金融产品 …………………………………… 095
第二节　金融支持政策 …………………………………… 100
第三节　金融市场的作用 ………………………………… 106
第四节　金融创新案例 …………………………………… 112

第六章　政策与法律框架 …………………………………… 118
第一节　相关政策概述 …………………………………… 118
第二节　政策对消费养老的影响 ………………………… 123
第三节　法律支持与规范 ………………………………… 128
第四节　政策建议与改进 ………………………………… 134

第七章　技术在消费养老中的应用 ………………………… 139
第一节　信息技术支持 …………………………………… 139
第二节　智能养老产品与服务 …………………………… 145
第三节　技术对养老服务的影响 ………………………… 150
第四节　技术创新案例分析 ……………………………… 156

参考文献 ……………………………………………………… 163

第一章 消费养老模式基础

在当前快速变化的社会经济背景下,消费养老模式的研究成为社会科学领域的一个热点。随着人口老龄化问题的日益凸显,探索符合现代社会特征的养老模式对于促进社会的可持续发展具有重要意义。本章旨在深入探讨消费养老的内涵、发展背景、分类及其特点,进而分析消费养老意愿对企业行为的影响。第一章"消费养老模式基础"作为整体研究的开篇,首先明确了消费养老模式的定义,梳理了模式发展的社会经济背景,对养老模式进行了详细的分类,并分析了消费养老的独特之处。这一章节为读者建立了一个关于消费养老模式的基础框架,为其深入理解后续章节的内容打下了坚实的基础。

第一节 消费养老模式定义

一、消费养老模式概述

消费养老模式是指通过购买服务、产品或投资,以实现老年生活质量提升的一种养老方式。与传统养老方式相比,消费养老模式更加注重个体的自主选择和消费能力,强调在老年阶段依靠积累的财富和购买力来提升生活品质和享受服务。相较于传统养老模式,它在养老方式、财务管理、生活服务等方面呈现出明显的差异。

消费养老模式注重个体选择权。在传统养老方式下,老年人更多地依赖家庭或政府提供的福利和服务，缺乏选择的自主权。而消费养老模式强调个体的选择权，老年人可以根据自身的需求、偏好和财务状况，自主决定养老方式、居住地点以及享受的服务项目，实现个性化养老。

消费养老模式注重资金的灵活运用。传统养老方式通常依赖于社会福利或个人积蓄，而消费养老模式则更加灵活，老年人可以通过投资、保险或购买服务等方式，灵活运用资金来支撑自己的养老生活。这使得老年人在财务管理上更加自主，可以更好地应对养老期间的各种费用和风险。

消费养老模式强调服务的个性化和多样化。传统养老方式下，老年人通常只能依赖家庭或政府提供的有限服务，服务内容和质量难以保障。而消费养老模式通过市场化的服务供给机制，为老年人提供更加个性化、多样化的服务选择，包括社区养老服务、医疗健康服务、文化娱乐服务等，满足老年人多样化的生活需求。

消费养老模式注重社会资源的整合和共享。在传统养老方式下，老年人的社会交往和资源获取通常局限于狭窄的范围，缺乏社会互动和资源共享的机会。而消费养老模式通过建立开放、共享的养老社区和平台，促进老年人之间的交流和资源共享，提升老年人的生活质量和社会参与度。

综上所述，消费养老模式相较于传统养老方式具有更加个性化、灵活化和多样化的特点，更好地满足了老年人多样化的生活需求和个体选择权，为老年人提供了更加丰富、优质的养老服务和生活体验。随着社会经济的发展和人口老龄化程度的加深，消费养老模式将在未来得到更加广泛的应用和发展。

二、核心要素

消费养老模式是指一种基于个人和社会资源的养老方式，其核心在于通过一系列经济、社会和个人因素的有机结合，为老年人提供全面的养老保障和生活支持。这种模式不仅关注老年人个体的经济状况和生活需求，还涉及社会制度、政策支持以及文化认知等方面，以确保老年人在晚年能够享受有尊严、安全和幸福的生活。

经济层面是消费养老模式的重要组成部分。经济支持是保障老年人基本生活需求的基础,其中包括养老金、医疗保障、住房保障等。充足的经济资源可以为老年人提供稳定的生活来源,使其免于生活困境和经济压力。此外,还需要有相应的金融产品和服务,以满足老年人在金融管理、资产保值增值等方面的需求,确保其经济安全。

社会层面的因素也至关重要。社会支持体系是消费养老模式的重要保障,包括社区养老服务、医疗保障、法律保障等。建立完善的社会福利制度和公共服务体系,能够为老年人提供全方位的支持和帮助,使他们能够融入社会、参与社会活动,并享受社会资源。此外,社会对老年人的尊重和关爱也是构建消费养老模式的重要条件,需要树立尊老敬老的社会风气,倡导和睦的亲情、友情和邻里关系,营造和谐包容的社会环境。

个人层面的因素对消费养老模式的构建同样至关重要。个人的健康状况、生活习惯、精神状态等直接影响着其养老方式和生活质量。因此,个人需要关注自身的健康管理和保健,培养积极乐观的生活态度,主动参与社会活动,保持社交关系的稳固。同时,个人还需要对自己的财务进行合理规划和管理,以确保退休后有足够的经济来源支持自己的生活。此外,个人还需要不断学习和提升自己的技能和能力,以应对社会变化和生活挑战,保持积极向上的生活状态。

三、运作机制

消费养老模式是一种通过消费行为来支撑老年人生活需求的养老方式。它不同于传统的养老模式,强调的是通过消费来满足老年人的需求和享受,提升老年人的自主性、尊严和幸福感。在实践中,消费养老模式涉及多方主体和复杂流程,其运作机制可以从以下几个方面来详细说明。

1. 消费者(老年人)需求分析

消费养老模式的成功在很大程度上取决于对老年人需求的准确分析和理解。老年人作为消费养老的主体,其需求多样且复杂,因此了解这些需求对于设计和提供相应的养老服务至关重要。

老年人的健康养生需求是消费养老模式中的重要考量因素之一。随着年龄的增长,老年人对健康保健的需求变得更为突出。他们可能需要定期体检、医疗保健、康复护理等服务,以保持身体健康和活力。此外,营养餐饮、运动健身等项目也是老年人关注的重点,因为这些能帮助他们延缓衰老、增强免疫力、提高生活质量。

除了健康养生,老年人也关注社交和娱乐需求。随着年龄增长,很多老年人面临社交孤立和精神寂寞的问题,因此社交活动和社区参与对他们而言尤为重要。他们可能希望参加各种社交聚会、俱乐部活动、义工服务等,以保持社交联系、拓展人际关系。同时,老年人也需要有足够的娱乐休闲活动来丰富退休生活,比如参加兴趣班、旅行度假、观看演出等,这有助于他们保持心态开朗、积极向上。

另外,老年人的居住需求也是消费养老模式中需要考虑的重要因素。一些老年人可能希望在退休后选择居家养老,而另一些则更倾向于入住养老院或养老社区。对于居家养老的老年人,他们可能需要家庭护理、居家服务等支持;而对于选择入住养老机构的老年人,则需要提供安全舒适的居住环境、医疗护理、文化娱乐等服务。

2. 服务提供者准备

为了满足老年人的需求,服务提供者需要做好充分的准备。这不仅涉及建立适当的服务设施,还需要提供符合老年人需求的多样化产品和服务。

服务提供者需要建立合适的服务设施,包括但不限于养老院、医疗保健中心、社区活动中心等。这些设施应当舒适、安全、便利,以满足老年人的生活需求。舒适的环境能够提升老年人的生活品质,安全的设施能够保障他们的健康与安全,便利的位置能够方便老年人的日常活动。

服务提供者需要提供符合老年人需求的产品和服务。医疗保健是老年人最为关注的一个方面。因此,服务提供者应当提供全面的医疗保健服务,包括常规体检、疾病治疗、康复护理等。同时,针对老年人的特殊需求,还可以提供长期护理、慢性病管理等专业服务。除了医疗保健,社交活动也是老年人生活中不可或缺的一部分。因此,服务提供者可以组织各种社交活动,如集体健身、手工艺课程、读书会等,以丰富老年人的生活。这些活动不仅可以促进老年人之间的交流与互动,还能提升他们的生活质量和幸福感。此外,文化娱乐也是老年人生活中重要的组成部分。服务提供者可以定期组织文化娱乐活动，如音乐会、戏剧表演、电影放映等，以满足老年人的文化娱乐需求。这些活动不仅可以丰富老年人的精神生活，还能促进他们的身心健康。

3. 信息沟通和推广

信息沟通和推广不仅是将服务信息传达给目标消费者的关键环节，也是建立信任、吸引客户并促进服务使用的重要手段。在信息沟通和推广阶段，需要综合运用各种手段和渠道，以确保服务信息能够广泛传播，被目标消费者所了解和接受。

广告宣传是信息沟通和推广的常见手段之一。在电视、广播、报纸、杂志等传统媒体上发布广告，或在互联网上进行线上广告投放，可以将养老服务的信息传递给更广泛的受众。广告宣传可以通过生动的画面、引人入胜的文字和有吸引力的口号来吸引目标消费者的注意，并引导他们了解相关服务。

社区活动是与老年人进行直接互动和沟通的有效途径。通过组织养老服务宣传展览、座谈会、讲座等社区活动，可以让老年人亲身体验和了解相关服务，为他们提供咨询和答疑，增强他们对服务的信任和兴趣。同时，社区活动还可以促进老年人之间的交流和互动，营造支持和共享的氛围，有助于建立养老服务的良好口碑和品牌形象。

线上线下渠道的结合也是信息沟通和推广的重要策略。在互联网时代，利用社交媒体平台、养老服务网站、手机应用程序等线上渠道，可以实现全天候、全方位的信息传播和互动。同时，线下渠道如养老服务中心、社区健康站、医院诊所等也是重要的宣传和推广场所，可以直接接触到老年人群体，提供更具体的服务信息和咨询支持。

在信息沟通和推广的过程中，需要注意以下两点：信息的准确性和透明度。消费者需要清楚了解养老服务的内容、费用、服务范围、权益保障等信息，以便做出明智的选择。个性化和定制化的推广策略能够更好地吸引目标消费者的关注。针对不同年龄、兴趣、需求的老年人群体，可以制定相应的宣传策略和活动方案，提供个性化的服务推荐和定制化的服务体验。建立健全的反馈机制和客户服务体系，能够及时获取消费者的反馈意见和建议，改进和优化服务质量，增强消费者的满意度和忠诚度。

4. 服务购买和体验

在服务购买和体验阶段，老年人需要面对多样化的选择，并且需要评估这些服务是否能够满足他们的需求和期望。

在服务购买阶段，老年人通常会通过多种渠道获取相关信息。这些渠道包括但不限于社交媒体、广告、家庭成员或朋友的推荐、专业机构等。老年人可能会根据自己的需求和偏好来筛选信息，选择适合自己的服务项目。这些服务项目可以涵盖医疗保健、社交活动、文化娱乐、长期护理等多个方面。

一旦选择了服务项目并进行购买，老年人就会进入服务的体验阶段。在这个阶段，老年人会评估服务是否符合自己的期望和需求。他们会关注服务的质量、效果、便利性、人性化程度等方面。例如，对于医疗保健服务，老年人可能会关注医疗技术水平、医护人员的专业素养、医疗设施的环境条件等；对于社交活动，老年人可能会关注活动的丰富程度、参与者的互动性、活动组织者的专业水平等。在服务体验过程中，老年人可能会遇到一些问题或不满意的地方，如服务质量不达标、服务内容不符合承诺、服务人员态度不友好等。在面对这些问题时，老年人可能会选择与服务提供方沟通交流，希望能够得到解决或改善。同时，老年人也可能会通过口碑传播等方式向他人反映自己的体验，从而影响他人的选择。老年人在服务体验过程中也会感受到服务给他们带来的实际效果和价值。如果服务能够满足他们的需求并带来积极的体验和感受，老年人可能会持续选择并推荐这些服务。相反，如果服务不能满足他们的期望或存在问题，老年人可能会选择终止使用并寻找其他替代方案。

5. 服务提供和反馈

一旦老年人购买了服务，服务提供者就有责任提供高质量的服务，并且需要与老年人建立起有效的反馈机制。这样的做法不仅有助于服务提供者更好地了解老年人的实际需求，还可以及时发现问题并进行改进，从而提升整体的服务质量和用户满意度。服务提供者应确保提供的服务符合老年人的期望和需求。这意味着服务提供者需要在服务设计和提供过程中充分考虑老年人的特殊需求，包括身体健康状况、心理状态、生活习惯等方面。例如，针对行动不便的老年人，服务提供者可以提供上门服务或者专门的交通安排,以确保他们能够方便地享受到服务。服务提供者可以通过定期的调查、问卷调查、面对面的交流等方式来建立有效的反馈机制。老年人的反馈可以涉及服务的内容、质量、时效性、态度等方面。服务提供者应认真对待老年人的反馈意见,及时采取措施加以改进。比如,如果老年人对某项服务提出了不满意的意见,服务提供者可以及时调整服务内容或者提供额外的补偿,以弥补老年人的不满。建立良好的沟通机制也是服务提供和反馈的关键。服务提供者应积极主动地与老年人进行沟通,了解他们的需求和想法,并及时解决他们可能遇到的问题和困难。同时,服务提供者也应不断向老年人介绍新的服务项目或者优惠政策,以满足老年人日益增长的需求。

6. 服务评估和调整

基于老年人的反馈和市场需求,服务提供者需要不断评估和调整服务内容和质量,以确保提供的服务能够满足老年人的需求并保持竞争力。服务评估应该包括对服务内容的全面审查。这可能涉及设施设备的改进,以确保老年人在养老机构或社区中能够获得安全、舒适的居住环境。例如,更新设施的设备、提升安全设施、改善卫生条件等,都可以提高老年人的生活质量。服务提供者需要根据老年人的反馈和需求,丰富服务内容。除了基本的生活照料和医疗护理外,还可以提供文体娱乐、社交活动、心理健康支持等方面的服务。这些服务的丰富多样化可以让老年人在养老期间感到生活丰富多彩,提高他们的幸福感和满意度。同时,服务提供者还应该努力提高服务水平,包括提供个性化的服务、关注老年人的个体差异、尊重他们的需求和意愿,以及提供温暖的人文关怀。服务提供者可以通过培训员工、建立有效的沟通机制、建立良好的服务态度等方式,提高服务的质量和水平,增强老年人对其的信任和满意度。

7. 社会支持和政策保障

首先,政府在制定政策时应考虑老年人的特殊需求,采取有针对性的措施来支持消费养老模式的发展。这包括通过税收优惠、财政补贴等方式鼓励个人和家庭增加养老储蓄,提供养老金融产品的创新和多样化,确保养老保险的覆盖面和支付水平能够满足老年人的需求。其次,政府应加大对养老服务供给的支持和投入,建设更多的养老设施和机构,提升养老服务的质量和覆盖范围。再次，政府可以鼓励和支持社会组织、非营利机构和企业参与到养老服务领域，提供多样化的养老服务，满足老年人不同层次的不同需求。同时，政府还应加强对养老金融市场的监督和管理，保护老年人的合法权益，防范养老金融市场的风险和不当行为。最后，政府应加大对养老金融知识的普及和培训力度，提高老年人和社会公众对养老金融产品的认知和理解，降低信息不对称，增强风险意识，提升养老金融市场的透明度和健康发展。

综上所述，消费养老模式的运作涉及从了解老年人需求、准备服务设施、推广服务信息、购买体验服务、提供反馈服务、评估调整服务，到获得社会支持和政策保障等多个方面。只有各方共同努力，才能够实现消费养老模式的良性运作，为老年人提供更加优质、便捷的养老服务，促进老年人的健康、幸福和社会融入。

四、国内外实例对比

随着全球老龄化趋势的不断加剧，各国都在探索不同的消费养老模式，以满足老年人多样化的需求和生活方式。在这个过程中，国内外的消费养老模式存在着一定的差异，这既受到文化传统、社会制度等因素的影响，也受到经济发展水平和政策环境等因素的制约。

在中国，随着经济的快速发展和老龄化程度的加深，越来越多的人开始关注养老问题。传统的家庭养老模式逐渐转变为更多的个人储蓄和购买保险等方式。一些城市的老年人选择购买商业养老保险，以应对可能的医疗和生活费用支出。同时，一些大型企业也开始为员工提供养老金计划，通过公司的福利体系来支持员工的退休生活。此外，一些老年人还通过购买理财产品、房产等方式来积累养老财富，以保障自己的退休生活质量。

然而，与国外相比，中国的消费养老模式还存在一些不足之处。首先，中国的养老保险体系相对薄弱，覆盖面不广，保障水平也较低，导致很多老年人依然面临着经济上的困难。其次，由于中国的社会文化传统，家庭在养老中的地位依然很重要，很多老年人更倾向于依靠子女的支持，而不是通过个人储蓄或者购买保险等方式来解决养老问题。这也使得中国的消费养老模式相对单一，缺乏多样性。

相比之下，国外的消费养老模式则更加多元化和成熟。例如，在北欧，政府通过建立健全的社会保障体系来支持老年人的生活，包括养老金、医疗保险、长期护理等。同时，个人储蓄和商业保险也是常见的养老方式，但相对而言并不是主要的依靠对象。另外，一些国家还鼓励老年人积极参与社区活动和志愿服务，以保持社交关系和身心健康。在美国，401(k)计划等退休储蓄计划得到广泛应用，个人可以通过投资股票、债券等方式来积累养老财富。此外，养老社区、老年公寓等生活方式也备受青睐，为老年人提供了舒适便捷的生活环境。

然而，国外的消费养老模式也并非完美无缺。一些发达国家面临着人口老龄化速度过快、养老金支出过大等问题，导致养老制度的可持续性受到挑战。同时，一些老年人也可能面临着孤独、社交孤立等问题，尤其是那些居住在养老机构或者老年公寓中的人群。

综上所述，国内外的消费养老模式在运作方式上存在着一定的差异。国内的消费养老模式更多地依赖于个人储蓄和家庭支持，相对较为单一；而国外的消费养老模式则更加多元化和成熟，既有政府的社会保障体系，也有个人储蓄和商业保险等方式。未来，随着我国经济的不断发展和老龄化程度的加深，我们有望借鉴国外的经验，构建更加健全和多样化的消费养老模式，以更好地满足老年人的需求和生活方式。

五、面临的挑战

消费养老模式下，个人或家庭可以自主决定养老资金的使用和投入方式，以期在老年时能够获得良好的生活质量和保障。

然而，消费养老模式在实施过程中面临着诸多挑战和问题。这些挑战不仅来自个人和家庭层面，还受到社会、经济和政策环境的影响。以下是当前消费养老模式实施过程中遇到的主要问题和挑战。

个人储蓄能力不足：由于生活成本不断上涨、收入水平不稳定或经济条件较差，许多个人无法在工作生涯中储蓄足够的资金以支撑退休生活。这导致了老年时期面临贫困和生活困难的风险增加。

投资风险和不确定性：一些个人选择通过投资来积累养老资金，但投资市场的波动性和不确定性可能导致资金损失。尤其是对于缺乏投资知识和经验的老年人来说，可能更容易受到投资风险的影响。

养老保险覆盖不足：尽管一些国家建立了养老保险制度，但在一些地区，养老保险的覆盖范围和支付水平仍然不足以满足老年人的需求。这使得个人需要依赖更多的私人储蓄或其他方式来弥补养老保障的不足。

养老服务供给不足：在一些地区，尤其是农村地区或经济欠发达地区，医疗保健、长期护理、社会支持等方面的养老服务供给不足。老年人面临着缺乏合适的养老设施和医疗资源的问题，影响了他们的生活质量和幸福感。

家庭责任重负：在一些文化传统中，家庭被视为老年人的主要养老支持系统。然而，在现代社会中，随着家庭结构变化和人口老龄化加剧，家庭可能面临着养老责任的重负。这会给家庭带来经济和心理压力，影响到家庭成员的生活和职业发展。

政策支持不足：一些地区缺乏完善的养老政策和制度支持，导致老年人在养老过程中面临更多的挑战。政府应加强对养老服务和保障的投入，建立健全的养老制度，为老年人提供更多的支持和保障。

综上所述，消费养老模式在实施过程中面临诸多挑战和问题，需要个人、家庭、社会和政府共同努力来解决。加强养老金融知识教育、提高养老保险覆盖率、加大养老服务供给、完善养老政策和制度等举措，可以有效缓解当前消费养老模式所面临的困难，提升老年人的生活质量和幸福感。

第二节　模式发展背景

一、人口老龄化趋势

人口老龄化是指社会中老年人口比例的增加趋势，通常是生育率下降、医疗技术进步和长寿等因素共同作用的结果。全球范围内，人口老龄化已成为一个普遍趋势，对社会经济、医疗保健、养老服务等方面都产生了深远影响。

全球人口老龄化的现状可以从几个方面进行描述。首先是老年人口比例的增加。根据世界银行数据，自20世纪初以来，全球平均预期寿命已经显著增加,而生育率则呈现下降趋势。这导致了老年人口比例的增加。其次是老年人口数量的快速增长。随着人口老龄化的加剧,老年人口数量正在迅速增加,特别是在一些发达国家和地区,这一趋势更加显著。最后是老年人口的生活质量和健康状况。虽然人们的寿命延长了,但同时也面临着慢性疾病、残疾和认知功能下降等健康问题,这对养老需求提出了更高的要求。

人口老龄化对养老需求产生了广泛影响。首先,它对医疗保健系统提出了挑战。随着老年人口数量的增加,医疗服务的需求也随之增加,特别是针对慢性疾病和长期护理的需求。这对医疗资源和人力资源提出了更高的要求,需要改进医疗体系的管理和服务模式。其次,人口老龄化为养老服务产业带来了挑战和机遇。随着老年人口的增加,养老服务的需求也在增加,包括社区养老服务、长期护理、康复护理等方面。因此,养老服务产业需要不断创新,提供更多元化、个性化的服务,以满足老年人的不同需求。再次,人口老龄化也会对家庭和社会结构产生影响。随着老年人口比例的增加,家庭养老压力加大,需要更多的家庭成员或专业护理人员来照顾老年人。同时,社会也需要建立更加健全的养老保障体系,提供更多的福利和服务,以保障老年人的基本生活需求。

二、经济发展水平

经济发展水平在很大程度上塑造了社会的消费养老模式选择和可行性。随着经济的发展,人们的生活水平逐渐提高,养老观念也发生了变化。在这种情况下,消费养老模式不仅仅是一种简单的选择,更是一种基于多种因素的综合考量。

随着经济的发展,人们的收入水平普遍提高,这为更高档次的消费养老模式提供了条件。相对于传统的家庭养老模式,高收入人群更倾向于选择高品质的养老服务,如养老院、养老社区等。这些服务提供了更为专业、舒适的养老环境,满足了老年人对于品质生活的追求。而这些高品质的服务往往需要相应的经济支撑,所以经济发展水平直接影响了这些高端养老服务的可行性。

经济的发展也带动了养老服务行业的多元化和市场化发展。随着市场经济的深入发展,养老服务行业逐渐呈现出多元化的发展趋势,涌现出各种各样的养老服务提供者和模式。这为老年人提供了更多元化的选择空间,他们可以根据自身的需求和经济实力选择适合自己的养老模式。例如,一些经济条件一般的老年人可以选择社区养老服务,而一些经济条件较好的老年人则可以选择高档的养老院服务。这种多元化的发展不仅促进了养老服务水平的提升,也提高了养老模式的可行性。

另外,经济发展水平还影响了养老保险和养老金制度的健全与完善。在经济发展水平较高的国家和地区,政府往往会建立健全的养老保险和养老金制度,为老年人提供相应的经济保障。这些保障措施可以减轻老年人的经济压力,增强他们选择消费养老模式的信心和能力。相反,经济发展水平较低的地区,养老保险和养老金制度可能相对滞后,老年人的经济保障程度较低,这对消费养老模式的选择和可行性造成了一定的影响。

总的来说,经济发展水平在很大程度上决定了消费养老模式的选择和可行性。随着经济的不断发展,人们的养老观念发生变化,消费养老模式也日益多样化和个性化。因此,政府和社会各界应该加大对养老服务业的投入和支持,推动养老服务行业的健康发展,为老年人提供更好的养老选择。

三、社会保障体系变革

社会保障体系的变革为消费者提供了更多的选择空间。传统的养老保障体系主要依靠政府提供的养老金和服务,但随着经济的发展和社会结构的变化,这种单一模式已经无法满足多样化的养老需求。社会保障体系的变革推动了多元化的养老保障形式的发展,包括商业养老保险、养老金产品、养老基金等。个人可以根据自身的情况和需求选择合适的养老保障方式,这为消费养老模式的发展提供了更广阔的空间。

社会保障体系的变革促进了养老服务产业的发展。随着老龄化程度的不断加深,养老服务需求也呈现出多样化和个性化的趋势。传统的养老服务主要以养老院为主,但存在着资源不足、服务质量参差不齐等问题。社会保障体系的变革推动了养老服务产业的市场化和专业化发展,吸引了更多的社会资本和专业机构参与养老服务的提供,涌现出了更多形式和层次的养老服务,包括社区养老服务、家庭养老服务、医养结合服务等。这为消费养老模式提供了更丰富和更优质的服务资源。

社会保障体系的变革提高了个人养老意识和能力。传统的养老保障体系使得许多人养老意识较为淡薄,依赖政府提供的养老金和服务。而社会保障体系的变革强调个人责任和自主选择,倡导个人提前储蓄、投资和规划养老,提高了个人养老意识和能力。人们逐渐意识到养老是一个长期的过程,需要提前进行规划和准备,这为消费养老模式的发展创造了更有利的条件。

然而,社会保障体系的变革也带来了一些挑战和问题。首先,个人在选择养老保障方式和养老服务时可能面临信息不对称和风险管理的困难。市场上充斥着各种各样的养老保险产品和养老服务,个人往往难以理清其中的利弊,容易受到误导和欺诈。其次,社会保障体系的变革可能导致资源分配不均衡和服务质量参差不齐的问题。商业养老服务往往集中在发达地区和高端市场,而基层和农村地区的养老服务相对薄弱,存在着资源匮乏、人才短缺等问题。最后,社会保障体系的变革可能加剧社会的分层。经济条件较好的人群可以通过购买商业养老保险和高端养老服务来提高养老生活质量,而经济条件较差的人群可能只能依靠政府提供的最低保障,导致养老保障水平的差异化。

四、科技进步的作用

科技进步对养老服务的改善作用在当今社会变得越来越重要,特别是信息技术的发展为养老服务带来了前所未有的机遇和挑战。

信息技术为老年人提供了更好的医疗和健康管理服务。随着智能医疗设备和远程医疗技术的发展,老年人可以更方便地监测自己的健康状况,及时了解并处理潜在的健康问题。例如,智能手环可以实时监测心率和步数,并将数据传输到医疗机构,医生可以远程监控老年人的健康状况并及时干预。此外,虚拟医疗咨询服务也为老年人提供了便利,他们可以通过手机或电脑与医生进行在线咨询,避免了排队等候的烦琐程序。

信息技术为老年人提供了更广泛的社交和娱乐活动。老年人往往面临着孤独和社交孤立的问题,特别是在子女工作繁忙或生活在城市不同地区的情况下。然而,随着社交媒体、视频通话和在线游戏等应用的普及,老年人可以更轻松地与家人、朋友和其他老年人进行交流和互动。他们可以通过社交媒体平台分享自己的生活经历、观点和兴趣爱好,与他人建立更紧密的联系;同时,他们也可以通过视频通话与远方的亲友进行面对面的交流,缓解因地理距离带来的隔阂感。此外,许多老年人还喜欢参与在线游戏和社区活动,这不仅可以丰富他们的业余生活,还可以提高认知能力和保持活力。

信息技术为老年人提供了更便捷的日常生活服务。随着智能家居技术的发展,老年人可以通过智能手机或语音助手控制家中的各种设备,如智能灯具、智能锁、智能温控器等,从而实现远程监控和智能化管理。这不仅方便了老年人的日常生活,还增加了他们的生活安全性和舒适度。例如,老年人可以通过智能门锁实现远程开锁,方便家人或护理人员进出;智能温控器可以根据老年人的生活习惯自动调节室内温度,提供舒适的居住环境。此外,智能购物和配送服务也为老年人提供了更方便的购物体验,他们可以通过手机或电脑在线购物,并选择配送到家的服务,避免了外出购物的不便和安全隐患。

信息技术为养老机构和养老服务提供了更高效的管理和运营手段。随着物联网技术和大数据分析技术的应用,养老机构可以实现对老年人生活和健康状况的全面监测和管理。通过智能传感器和监控设备,养老机构可以实时监测老年人的活动轨迹、生活习惯和健康指标,及时发现异常情况并采取相应措施。同时,大数据分析技术可以帮助养老机构更好地了解老年人的需求和偏好,优化服务内容和流程,提高服务质量和客户满意度。此外,智能化的养老服务还可以减轻护理人员的工作负担,提高工作效率。

综上所述,信息技术在改善养老服务中发挥着不可替代的作用,为老年人提供了更好的医疗健康管理、社交娱乐活动、日常生活服务和养老机构管理等方面的支持。随着科技的不断进步和应用,相信未来养老服务将会越来越智能化、人性化和高效化,为老年人创造更加美好的晚年生活。

五、文化因素的影响

文化观念和家庭结构的变化在很大程度上塑造了人们对养老方式的选择和消费行为。

传统文化中,老年人被视为家庭的中心和支柱,他们在家庭中享有尊严和被尊重。然而,随着现代化的推进和社会结构的变化,这种观念逐渐发生了转变。现代社会中,个人主义和自由选择的理念日益盛行,老年人的角色在家庭中也发生了改变。他们更倾向于追求个人的自由和独立,而不是依赖传统的家庭支持。

这种文化观念的转变直接影响了消费养老模式的选择。越来越多的老年人选择独立生活,而不是依赖家庭成员。这导致了养老服务市场的扩张,包括养老院、老年公寓和社区服务等。老年人更倾向于选择提供个人空间和自主生活的养老机构,而不是传统的多代同堂模式。因此,文化观念的变化促使消费养老模式向更为多样化和个性化的方向发展。

家庭结构的变化也对消费养老模式产生了重要影响。随着城市化进程的加速和经济发展水平的提高,家庭结构发生了巨大变化。传统的多代同堂模式逐渐被核心家庭或小家庭模式取代。年轻一代在追求个人发展和职业机会的同时,更倾向于独立居住,而不是和父母同住。这导致了老年人在家庭中的地位和角色发生了改变。

随着家庭结构的变化,老年人的养老需求也发生了变化。他们更需要依赖外部服务来满足日常生活的需求,如医疗保健、社交活动和娱乐等。因此,养老服务产业得到了迅速发展,为老年人提供了更多选择和机会。老年人可以选择根据自己的偏好和需求,在不同类型的养老机构中度过晚年,这进一步推动了消费养老模式的多样化和个性化发展。

综上所述,文化观念和家庭结构的变化对消费养老模式产生了深远影响。随着社会的不断发展和进步,人们对于养老方式的认知和需求也在不断演变。消费养老模式应当紧跟时代潮流,满足老年人不断增长的多样化需求,为他们提供更好的服务。

第三节　养老模式分类

一、传统养老模式

传统养老模式一直是人类社会中长期存在并且深受推崇的养老方式。这种模式在不同文化和社会背景下有着各种形式,其核心特点是依靠家庭和社区支持老年人的生活和照顾需求。在传统养老模式中,家庭和社区起到了关键作用,提供了相应的支持网络,帮助老年人应对日常生活中的各种挑战和困难。以下将详细探讨传统养老模式的特点及其在不同文化背景下的体现。

传统养老模式的一个显著特点是家庭养老。在许多文化中,家庭被视为最重要的社会单位,而老年人在这个单位中通常被视为家庭的核心。在这种模式下,家庭成员,尤其是子女,承担着照顾老年人的责任。他们不仅提供物质支持,如食物、住所和医疗保健,还提供情感支持和陪伴。这种家庭养老模式强调了家庭成员之间的亲情和责任感,同时也反映了对传统价值观念的尊重和传承。

社区养老是传统养老模式的另一个重要组成部分。在许多社区中,人们形成了紧密的社会网络,相互之间存在着密切的关系和互助精神。在这种情况下,社区成了老年人生活的延伸,提供了各种形式的支持和服务。这可能包括社区活动中心、义工组织等,这些机构和组织为老年人提供了社交、文化、教育和娱乐等方面的支持。同时,社区还可以为老年人提供医疗服务、法律咨询、心理支持等专业服务,以满足他们多样化的需求。

除了家庭养老和社区养老之外,还有一些其他形式的传统养老模式。例如,在一些农村地区,老年人可能依靠家庭和社区的支持,继续从事农业劳动或者其他传统手工艺活动,以维持自己的生计。这种模式下,老年人不仅可以继续为社会做出贡献,同时也能够保持身心健康,保持社交活动,提高生活质量。

需要指出的是,传统养老模式虽然在一定程度上能够满足老年人的需求,但也面临着一些问题和挑战。随着社会结构的变化和经济发展水平的提高,传统养老模式逐渐失去了一些优势。例如,随着家庭结构变得核心化和小型化,子女可能无法承担起照顾老年父母的责任;同时,随着城市化进程加速,社区关系可能变得疏远,社区养老的功能也可能受到一定程度的削弱。

综上所述,传统养老模式以家庭和社区为核心,强调亲情、责任感和互助精神,为老年人提供了全方位的支持和服务。尽管面临着一些挑战和问题,但传统养老模式仍然在很大程度上影响着人们对待老年人的态度和行为,具有不可替代的重要性。因此,在推动现代养老制度发展的同时,也应该尊重和借鉴传统养老模式中的优秀经验和价值观念,为老年人的幸福生活提供更好的保障。

二、政府主导的社会养老保障模式

政府主导的社会养老保障模式是当代社会养老体系的重要组成部分,其背后承载着政府在社会福利领域的责任和角色。这一模式的建立,旨在保障老年人的基本生活需求,提升他们的生活品质,同时也是对社会经济发展稳定的一种支持。

政府在提供养老保障方面所扮演的角色体现在政策制定上。政府通过立法、规划等手段,制定相关的养老保障政策,明确社会养老的目标、范围、标准和保障措施。这些政策包括养老金制度、医疗保障、长期护理、社会救助等内容,旨在为老年人提供基本生活保障和必要的医疗、护理服务。政府需要根据国家的经济发展水平、老龄化程度、社会需求等因素来调整和完善养老保障政策,以适应社会变化和老年人群体的需求。

政府在提供养老服务方面扮演着重要角色。政府通过建立养老机构、社区服务中心等方式,为老年人提供日间照料、康复护理、精神慰藉等服务,满足他们生活、健康和精神上的需求。政府还可以通过补贴、减免费用等方式,降低老年人享受养老服务的门槛,促进社会养老服务的普及。

政府在养老保障模式中承担着监督管理的责任。政府需要加强对养老、医疗等服务机构的监督管理,确保其按照相关法律法规和政策规定提供养老服务，保障老年人的合法权益和安全。政府还应建立健全养老服务评估体系，对养老服务的质量、效果进行评估，及时发现问题并采取措施加以解决。

然而，政府主导的社会养老保障模式也面临着一些挑战。首先是资源分配不均衡的问题。由于经济发展水平、地区差异等因素，一些地区的养老资源相对匮乏，老年人享受养老服务的水平不高。其次是服务质量参差不齐的情况。一些养老机构存在服务质量低下、管理混乱等问题，老年人的生活质量无法得到有效保障。最后，人口老龄化带来的养老压力也是政府需要应对的重要挑战。

三、商业养老保险模式

商业养老保险模式是一种基于商业运作的养老保障方式，其工作原理是通过个人或企业向保险公司支付一定的保费，以换取将来在退休或年老时获得一定的经济支持或福利。这种模式在养老保障体系中扮演着重要的角色，既能够为个人提供养老金等经济支持，也有助于分担社会的养老风险，从而促进经济的稳定发展和社会的和谐进步。

商业养老保险模式的工作原理是建立在个人或企业向保险公司支付一定的保费基础上的。个人可以选择购买商业养老保险来为自己的养老生活储备资金；企业也可以为员工购买商业养老保险，作为员工福利的一部分。保费的支付根据保险合同的约定，可以是一次性支付或者分期支付，而保险公司则承诺在未来特定的时间或条件下向被保险人提供相应的养老金或其他福利。

商业养老保险在养老保障体系中的位置是相当重要的。它为个人提供了一种私人化的养老保障选择，是政府提供的社会养老保障的一种补充。在许多国家，政府提供的养老金往往只能满足基本生活需求，而商业养老保险则可以提供额外的养老金，帮助个人实现更高质量的生活。此外，商业养老保险还可以为企业提供一种员工福利，有助于留住人才，提升企业的竞争力。

商业养老保险模式还有助于分担社会的养老风险。随着人口老龄化问题的日益突出，养老金支付压力逐渐增大，政府单方面提供养老保障已经难以承担全部责任。商业养老保险的引入可以通过市场机制吸收更多的资金参与养老保障,分担政府的负担,减轻财政压力,确保养老保障体系的可持续性。

总的来说,商业养老保险模式是一种重要的养老保障方式,通过个人或企业向保险公司支付保费来获取未来的养老金或其他福利。在养老保障体系中,商业养老保险扮演着重要的角色,既为个人提供了私人化的养老保障选择,也有助于分担社会的养老风险,从而促进经济的稳定发展和社会的和谐进步。

四、混合养老模式

混合养老模式是指将不同的养老方式结合和互补,以满足老年人多样化的需求和偏好。在现代社会,随着人口老龄化的加剧和家庭结构的变迁,单一的养老模式往往难以满足老年人的各种需求,因此混合养老模式逐渐受到人们的青睐。

混合养老模式可以是不同养老机构的组合。传统的养老院模式可能无法满足某些老年人对自主性和社交性的需求,而居家养老又可能面临着护理不足和孤独感的问题。因此,一种混合模式是将居家养老和社区养老结合起来,老年人可以在家中享受舒适的生活,同时可以定期到社区活动中心参加各种活动,保持社交和身心健康。此外,还可以将定期去医院或养老院接受专业护理与在家庭环境中享受家人陪伴结合起来,从而实现全方位的关怀和照顾。

混合养老模式也可以是不同护理方式的结合。现代医疗技术的发展使得护理方式更加多样化,老年人可以根据自身的健康状况和经济能力选择适合的护理方式。比如,一些身体健康状况较好的老年人可以通过定期体检和健康管理来保持健康,同时在家中接受家庭护理服务;而对于一些患有慢性疾病或需要长期护理的老年人,则可以选择在医院或养老院接受专业护理。此外,还可以结合传统的中医养生理疗和现代的康复护理,以提高康复效果和生活质量。

混合养老模式还可以是不同文化传统的融合。随着全球化进程的加快,不同文化之间的交流和融合日益频繁,老年人可能会面临着文化认同和身份认同的问题。因此,在养老服务中融入老年人的文化传统和习俗,可以帮助他们更好地适应新的生活环境。比如,在餐饮服务中提供老年人熟悉的家乡菜肴,组织传统的节日庆祝活动,搭建老年人之间的文化交流平台等,都可以增强老年人的归属感和幸福感。

将不同养老方式、护理方式和文化传统相互融合,可以最大限度地满足老年人的各种需求和偏好,提高其生活质量和幸福感。同时,政府、社会组织和企业也应该加大对混合养老模式的支持和投入,为老年人提供更好的养老服务和保障。

五、消费养老模式

消费养老模式是指一种以消费为核心,通过提供各种服务和产品来满足老年人生活需求的养老方式。相比传统的养老模式,如家庭养老、机构养老等,消费养老模式更注重个性化、多样化和便利性,适应了老年人群体日益多样化的需求。这一模式在当前社会老龄化趋势下,正逐渐受到关注,并展现出巨大的发展潜力。

消费养老模式的独特性在于其以满足老年人消费需求为核心。随着老年人群体的逐渐庞大和老年人消费能力的不断提升,他们对于生活品质和服务体验的需求也日益增加。因此,消费养老模式通过提供高品质、多样化的消费产品和服务,如健康保健、文化娱乐、旅游度假、社交活动等,满足老年人对于美好生活的向往和需求。这种模式下的养老服务不再局限于基本的生活保障,而是更加注重老年人的生活品质和幸福感。

消费养老模式强调个性化和定制化服务。老年人群体的多样性日益凸显,他们在兴趣爱好、健康状况、经济实力等方面存在差异,因此,传统的标准化养老服务已经不能完全满足他们的需求。消费养老模式通过提供个性化的服务方案,根据老年人的特点和需求进行定制,从而实现了服务的精准化和个性化。比如,针对健康状况较好的老年人,可以提供健身运动、文化娱乐等丰富多彩的活动;而对于健康状况较差或需要特殊照护的老年人,则可以提供医疗护理、康复护理等专业服务。这种个性化的服务模式,不仅可以满足老年人的个性化需求,还可以提升服务的质量和满意度。

消费养老模式注重创新和科技应用。随着科技的不断发展和普及，各种新技术如人工智能、大数据、云计算等在养老服务中得到了广泛应用，为消费养老模式的发展提供了有力支持。运用先进的科技手段，可以提高养老服务的效率和质量，降低成本，提升用户体验。比如，智能健康监测系统可以实时监测老年人的健康状况，及时发现异常并进行预警；智能家居设备可以实现远程控制和智能化管理，提升老年人的生活便利性和安全性。这些科技创新不仅可以为老年人提供更加便捷和舒适的生活环境，还可以减轻家庭和社会的养老压力，促进养老服务的可持续发展。

消费养老模式具有较大的发展潜力和市场空间。随着我国老龄化进程的加速，老年人群体的规模不断扩大，养老需求也在不断增加。与此同时，随着社会经济水平的提高和人们生活水平的提升，老年人对于养老服务的消费能力和消费意愿也在不断增强。因此，消费养老模式所涉及的健康养生、文化娱乐、旅游度假、社交活动等领域具有广阔的市场前景和发展空间。各种形式的消费养老服务机构和产品不断涌现，市场竞争日益激烈，为老年人提供了更多选择和更好的服务体验。

综上所述，消费养老模式作为一种新型的养老方式，具有独特性和未来发展潜力。通过以消费为核心、个性化定制、科技创新等手段，为老年人提供丰富多彩、贴心便利的养老服务，不仅可以满足老年人多样化的需求，提升其生活品质和幸福感，还可以促进养老产业的健康发展，为社会老龄化问题找到更加有效的解决途径。因此，消费养老模式在未来的发展中将会扮演越来越重要的角色，成为我国养老服务体系的重要组成部分。

第四节　消费养老的特点

一、以消费驱动

消费养老模式是一种养老理念和实践方式，它以个体消费活动为核心，通过积极参与市场消费来支持个体的养老需求。这种模式的出现，是对传统养老方式的一种补充和创新。传统养老方式往往依赖于政府的养老保障制度或家庭的供养,但随着社会的变迁和人口结构的变化,这些传统方式已经面临着一定的挑战和压力。消费养老的特点在于以消费驱动,这一特点体现在多个方面。

消费养老模式强调个体的主动性和选择权。在传统养老模式中,个体的养老需求往往被动地依赖于政府或家庭的支持,个体的选择权受到一定的限制。而在消费养老模式中,个体可以根据自己的需求和偏好,自主选择适合自己的养老方式和服务。个体可以通过消费来购买各种养老服务,包括医疗保健、健康管理、休闲娱乐等,从而提高自己的养老生活质量。

消费养老模式注重市场化运作和服务多样化。在传统养老模式中,养老服务往往由政府或社会福利机构提供,服务内容相对单一,缺乏个性化和多样化。而在消费养老模式中,养老服务可以由市场主体提供,服务内容更加丰富多样。个体可以根据自己的需求和经济能力,选择适合自己的养老产品和服务,从而更好地满足自己的养老需求。

消费养老模式促进了养老产业的发展和创新。随着人口老龄化的加剧,养老产业逐渐成为一个重要的经济增长点。消费养老模式的出现,为养老产业的发展提供了新的动力和机遇。各种养老产品和服务不断涌现,从传统的养老院、医疗机构,到新兴的健康管理、智能科技等,充分满足了个体多样化的养老需求。同时,消费养老模式也促进了养老产业的创新,推动了养老服务的智能化、个性化发展,提高了养老服务的质量和效率。

消费养老模式强调了个体的自我管理和责任意识。在传统养老模式中,个体往往依赖于外部的支持和供养,缺乏自我管理和主动性。而在消费养老模式中,个体需要根据自己的需求和经济能力,自主选择养老产品和服务,自我管理养老资产和风险,培养健康的生活方式和消费习惯。这不仅提高了个体的养老能力和素质,也减轻了社会养老压力,促进了社会的可持续发展。

二、个性化服务

消费养老的特点之一是个性化服务。在传统养老模式中,养老服务往往是统一标准化的,很难满足不同老年人的个性化需求。然而,随着社会的进步和老龄化趋势的加剧,人们对养老服务的需求也日益多样化和个性化。因此,消费养老模式的出现填补了传统养老模式所存在的不足,更加注重满足个体的特定需求。

个性化服务在消费养老模式中扮演着重要角色,体现在多个方面。

消费养老模式注重老年人的个体需求。每个老年人都有自己独特的生活习惯、健康状况、兴趣爱好等方面的需求,传统养老模式往往难以满足这些多样化的需求。而消费养老模式则可以根据老年人的实际情况提供个性化的服务,比如针对特定健康问题定制的康复计划、个性化的饮食调配、符合个人兴趣爱好的娱乐活动等。

消费养老模式强调服务的差异化。传统养老机构往往采取标准化的管理和服务模式,导致老年人的个性化需求难以得到满足。而消费养老模式则注重通过差异化的服务来满足老年人的个体需求,例如,提供多样化的居住环境选择(如公寓、别墅、社区等)、提供不同类型的健康管理服务(如医疗护理、康复护理、心理咨询等)等,以满足老年人不同层次的个性化需求。

消费养老模式注重服务的定制化。传统养老模式往往采取"一刀切"的服务方式,无法满足老年人个性化的需求。而消费养老模式则更加注重根据老年人的实际情况和需求进行个性化定制服务,例如,针对老年人特定的健康问题提供个性化的医疗护理方案、根据老年人的喜好和意愿提供个性化的饮食营养方案等,从而更好地满足老年人的个体需求。

消费养老模式还注重服务的灵活性和可选择性。传统养老模式往往由养老机构统一提供服务,老年人的选择空间有限。而消费养老模式则注重提供多样、灵活和可选择的服务,老年人可以根据自己的需求和意愿选择适合自己的养老服务方式和服务内容,例如,可以选择自主居家养老、社区养老、长期护理院养老等不同方式,从而更好地满足老年人的个性化需求。

三、技术支持的智能化服务

随着人口老龄化问题的日益突出,养老服务面临着前所未有的挑战。为了提高养老服务的效率和质量,现代科技,尤其是智能技术,被广泛应用于养老服务领域。技术支持的智能化服务不仅为老年人提供了更便捷、更安全、更舒适的生活方式,同时也减轻了养老机构和家庭护理者的负担,促进了养老服务行业的可持续发展。

智能技术在监护和医疗方面发挥着重要作用。智能监护设备如智能手环、智能摄像头等可以实时监测老年人的健康状况和活动情况,及时发现异常情况并进行预警。通过智能医疗设备如智能血压计、智能血糖仪等,老年人可以方便地进行健康数据的监测和管理,医护人员也可以及时了解老年人的健康状况,提供个性化的医疗服务。此外,智能医疗影像诊断系统和远程医疗平台使得老年人可以在家中就能享受到专业的医疗服务,减少了因交通不便而造成的医疗资源浪费和时间浪费,提高了医疗服务的效率和便捷性。

智能技术在生活辅助和安全监控方面也起到了重要的作用。智能家居系统可以实现对老年人居家环境的智能化管理,通过智能化的灯光、门窗监测、智能安防系统等,保障老年人的居家安全和舒适度。智能穿戴设备,如智能鞋、智能眼镜等,可以帮助老年人更方便地进行日常活动,提高了他们的生活质量和自理能力。同时,智能紧急呼叫系统和智能定位系统可以及时发现老年人的紧急情况并进行快速响应,保障老年人的安全和健康。

智能技术在社交和娱乐方面也为老年人提供了丰富多彩的生活体验。智能社交平台和智能健康管理应用为老年人提供了一个交流和分享的平台,促进了老年人之间的交流和互动,缓解了老年人的孤独和抑郁情绪。智能娱乐设备如智能电视、智能音响等为老年人提供了各种娱乐节目和活动,丰富了他们的生活内容,增强了他们的生活乐趣和幸福感。

四、灵活多样的资金来源

消费养老的特点还在于其灵活多样的资金来源。消费养老模式下,个体可以通过多种途径获取资金,这不仅提高了养老的灵活性,也使得养老质量更加可控和多元化。

消费养老的资金来源可以包括个人储蓄、社会保障、养老金、房产租金、子女赡养等。个人储蓄是最为基础的养老资金来源之一,它不仅体现了个体的积累能力,也为个体提供了一定的经济基础。社会保障和养老金则是由国家或企业提供的一种保障机制,它们的存在能够在一定程度上降低个体的养老压力,提升养老生活质量。房产租金作为一种收益有限的养老资产来源,其收益相对稳定,能够为个体提供长期的经济支持。此外,子女赡养也是许多传统文化中的一种重要养老方式,它能够体现家庭的凝聚力,但同时也可能存在不确定性和依赖性。

这些不同来源的资金对养老质量的影响各有特点。个人储蓄的灵活性较高,个体可以根据自己的需求和意愿进行支配和运用,这种灵活性使得个人储蓄能够更好地满足个体的养老需求,提高养老的舒适度和品质。社会保障和养老金虽然具有一定的稳定性,但由于受政策和制度的影响,其灵活度相对较低,个体的选择空间也相应受到限制。房产租金作为一种稳定的养老资金来源,其收益虽然相对稳定,但也可能受到房地产市场波动的影响,存在一定的风险性。而子女赡养则更多地依赖于家庭关系和子女的经济能力,其不确定性较高,养老质量受到家庭关系和子女经济状况的影响较大。

综上所述,消费养老模式下资金来源的多样性对养老质量具有重要影响。个体可以根据自己的需求和意愿选择不同的资金来源,以满足自己的养老需求。但同时也需要注意,不同来源的资金具有不同的风险,个体需要在充分了解不同资金来源特点的基础上进行选择和权衡,以确保养老质量的稳定和提升。此外,政府和社会也应加强相关政策的制定和实施,为个体提供更加稳定和可靠的养老保障,推动消费养老模式的健康发展。

五、可持续性挑战

在当前经济和社会背景下,实现消费养老模式可持续发展面临着一系列挑战。这些挑战涉及经济、社会、文化和政策等多个方面,需要综合考虑和解决。

消费养老模式的可持续性受到经济因素的制约。随着人口老龄化程度的不断加深,养老金、医疗保障和长期护理等方面的支出也随之增加。然而,由于劳动力人口减少、经济增长放缓等因素影响,政府财政收入可能难以满足这些支出的增长需求,从而造成养老服务供给不足、质量下降等问题,进而影响消费养老模式的可持续发展。

社会保障体系的不健全也是消费养老模式可持续性挑战的重要方面。在一些地区,尤其是发展中国家,社会保障制度相对薄弱,很多老年人仍然面临着医疗保障不足、养老金不足等问题,因此难以实现消费养老模式。即便在一些发达国家,社会保障制度相对完善,但也存在着养老金缺口、医疗资源不足等问题,需要政府进一步完善社会保障体系,提高老年人的生活品质。

文化观念和社会认知也是影响消费养老模式可持续发展的重要因素。在一些传统观念较为保守的地区,人们更倾向于家庭养老,而不是选择消费养老服务。这种观念的改变需要较长的时间,同时还需要消费养老服务的提供方加大宣传和推广力度,增强老年人和家庭对消费养老模式的认可度和接受度。

消费养老模式的可持续性还受到政策环境的影响。政府在制定相关政策时需要考虑老年人的特殊需求,提供相应的优惠政策和支持措施,鼓励社会资本投入养老服务产业,促进养老服务的多样化和市场化发展。同时,政府还需要加强监管,规范养老服务市场,保障老年人的合法权益,防止出现低质量、高价位的养老服务,维护消费者权益,促进消费养老模式的可持续发展。

综上所述,要实现消费养老模式的可持续发展,需要在经济、社会、文化和政策等多个方面共同努力。只有通过政府、企业、社会组织等多方合作,才能够充分发挥市场机制的作用,提高养老服务的供给能力和质量水平,满足老年人多样化、个性化的养老需求,推动消费养老模式朝着更加可持续的方向发展。

第二章 居民消费养老意愿

在当前社会,随着人口老龄化的加剧和经济结构的转型,居民的消费养老意愿日益成为社会经济研究的重要课题。第二章旨在深入探讨这一现象,从理论与实践两个维度出发,分析居民消费养老的心理基础和行为模式。本章将首先介绍消费养老意愿的理论基础,阐释其经济学、社会学和心理学等多学科的理论视角。随后深入探讨影响居民消费养老意愿的各种因素,包括经济状况、社会保障水平、个人健康状况等。接着,本章将讨论意愿的测量方法,以科学的方式量化居民的消费养老意愿。最后通过对居民消费养老意愿的分析,揭示其背后的社会经济动因,为相关政策制定提供依据。本章的研究不仅对理解居民消费养老意愿具有重要意义,也为促进养老服务市场的健康发展提供了理论与实践指导。

第一节 意愿的理论基础

一、意愿定义与重要性

意愿是人类心理活动的重要组成部分,是指个体在特定情境下对某种行为或结果的倾向性或偏好。在养老规划领域,消费养老意愿即指个体对于未来养老生活的期望和打算,以及为实现这些目标所愿意采取的行动和投入的资金。消费养老意愿在养老规划中扮演着重要的角色,影响着个体和社会的福祉。

消费养老意愿对个体而言至关重要。随着人口老龄化趋势的加剧，个体对于养老问题的关注程度逐渐增加。而消费养老意愿的形成不仅是对未来生活的一种期待，更是对个人经济实力和社会资源的一种认知和规划。个体对于养老的期望和打算将直接影响到其未来的生活质量和幸福感。一个有清晰、积极的养老规划的个体往往能更好地应对退休后可能面临的经济、身体和心理挑战，从而在晚年拥有更加充实、健康和幸福的生活。

消费养老意愿对社会而言也具有重要意义。养老问题一直是社会关注的焦点之一，个体的养老规划与社会的整体养老体系密切相关。一个具有积极消费养老意愿的个体往往会更加注重个人储蓄和投资，从而增加社会的资本积累，促进经济的发展。此外，个体的消费养老意愿也直接影响到养老服务需求的形成和供给。如果个体更愿意选择私人养老服务，那么就需要建立健全的市场机制来满足这一需求；而如果个体更倾向于依赖公共养老服务，那么就需要加强社会保障体系的建设。因此，了解和引导个体的消费养老意愿，对于社会制定相关政策和提供养老服务具有指导性意义。

消费养老意愿的形成受多种因素的影响。个体的消费养老意愿不仅受到个人经济状况、健康状况和家庭背景等因素的影响，还受到文化、社会和制度等宏观环境的影响。比如，在一些传统观念较为浓重的社会，个体可能倾向于依赖家庭养老；而在一些发达国家，个体更可能选择依赖政府或私人机构提供的养老服务。因此，了解不同文化和社会背景下个体的消费养老意愿差异，有助于更好地制定针对性的政策和服务。

二、经济学视角下的消费行为理论

在理解消费养老意愿及其受到的影响因素时，经济学提供了有益的视角。消费行为理论从微观经济学的角度出发，深入分析了消费者在市场上的行为，探讨了消费者如何根据收入、价格和偏好等因素做出消费决策。

消费者行为的核心理论之一——效用理论认为，消费者的行为是为了追求最大化自身的效用或满足感。在养老规划方面，消费者也会根据自身的需求和期望来选择不同的养老方式和支出水平。例如，一些消费者可能更愿意通过储蓄来准备养老金，而另一些人可能更愿意投资于养老保险或房地产。

收入是影响消费养老意愿的重要因素之一。经济学认为,消费者的收入水平决定了他们可以用于养老规划的资源数量。收入较高的消费者可能更有能力进行更多的养老储蓄和投资,因此他们的养老意愿可能更高。相反,收入较低的消费者可能难以承担养老支出,会更倾向于依赖政府或其他社会福利机构。

价格也是影响消费养老意愿的重要因素之一。价格的变动会直接影响到消费者对不同养老方式的选择。例如,如果养老保险的价格上涨,消费者可能会更倾向于选择其他替代方式,如自行储蓄或投资。另外,养老服务的价格水平也会影响到消费者的养老规划。如果长期护理服务的价格较高,消费者可能会更倾向于选择其他方式,如家庭照护或社区养老服务。

偏好是另一个重要的影响因素。消费者的个人偏好会直接影响到他们对不同养老方式的选择。一些消费者可能倾向于选择传统的养老方式,如购买养老保险或投资房地产,而另一些人可能会选择更为灵活的方式,如自行储蓄或投资股市。因此,养老规划产品和服务的设计需要考虑不同消费者群体的偏好差异。

除了以上因素外,消费者的风险偏好、家庭状况、年龄和健康状况等也会影响其养老规划的意愿和行为。例如,年轻人可能倾向于选择高风险、高回报的投资方式,而年长者则可能倾向于选择较为稳健的投资方式。

三、心理学视角下的决策制定过程

在探讨个人养老消费意愿的理论基础时,我们可以从心理学的视角出发,深入了解决策制定过程。决策制定是一个涉及信息加工、选择评估和决策行为的复杂过程,而心理学为我们提供了深入理解这一过程的工具和框架。

信息加工是指个体如何接收、理解和处理信息,以支持决策制定。在养老消费意愿方面,个体需要处理大量的信息,包括养老金、社会保障、医疗保健等方面的信息。心理学认为,信息加工是一个有限理性的过程,个体往往会面临信息不完全和信息过载的情况。因此,个体往往会采取启发式或简化策略来处理信息,比如依赖于亲朋好友的建议、专家意见或者遵循常见的决策规则。此外,个体的信息加工还受到认知偏差的影响,比如确认偏差、选择偏差等,这些偏差会影响个体对信息的理解和评估,进而影响其决策行为。

选择评估涉及个体如何对不同选项进行评估和比较,以确定最符合其目标和偏好的选项。在养老消费意愿方面,个体需要评估各种养老服务、产品以及投资方案的优劣,并据此做出决策。心理学认为,选择评估是一个涉及风险和不确定性的过程,个体往往会受到损失厌恶、过度乐观等心理因素的影响。此外,个体的选择评估还受到"心理账户"理论、心理距离理论等影响,这些理论认为个体会根据不同的情境和目标来对选择进行不同的评估。

决策行为是指个体最终做出的行动,以实现其目标和偏好。在养老消费意愿方面,决策行为包括选择购买特定的养老服务、投资养老金、制订养老计划等。心理学认为,决策行为受到许多因素的影响,包括情感因素、社会因素、文化因素等。此外,个体的决策行为还受到认知失调理论、自我效能理论等影响,这些理论认为个体会根据其对自身能力和控制感的信念来做出决策。

四、社会学视角下的群体影响

在理解个人的消费养老意愿和行为时,社会学视角下的群体影响起着重要的作用。家庭、社会网络和文化因素不仅影响着个人的价值观和行为模式,还在很大程度上决定了个人对养老的态度和决策。以下将详细探讨这些因素如何相互作用,并对个人的消费养老意愿和行为产生影响。

1. 家族因素

家庭是个人最基本的社会单位,也是重要的社会化机构之一。家庭对个人消费养老意愿和行为的影响主要体现在以下几个方面。

家庭价值观和传统:家庭是传承文化和价值观的主要场所,个人从家庭中获得了对养老的认知和态度。在一些家庭中,传统观念认为子女应该负担起养老的责任,因此个人可能更倾向于依赖家庭支持而非金融产品;而在另一些家庭中,可能更倾向于通过投资养老金等金融工具来规划养老。

家庭支持和资源:个人的养老决策也受家庭支持和资源的影响。如果家庭财务状况良好、有足够的储蓄和投资,个人可能更有信心选择自己独立的养老方式;相反,如果家庭财务紧张或者存在收支矛盾,个人可能更倾向于依赖家庭支持或者传统的养老方式。

家庭关系和责任感：个人对家庭的责任感也会影响其养老决策。如果个人认为自己应该承担起照顾父母的责任，可能会选择与父母同住或者就近照顾，而不是选择独立的养老方式。这种责任感在一定程度上可能会影响个人的消费养老意愿。

2. 社会网络因素

社会网络也对个人的消费养老意愿和行为产生深远影响。社会网络包括朋友、邻居、同事等与个人有着密切联系的人群，其对个人消费养老意愿和行为的影响主要表现在以下几个方面。

信息获取和交流：社会网络是个人获取信息和交流的重要渠道。通过社会网络，个人可以获得关于不同养老方式的信息，也可以与他人分享自己的养老经验。因此，社会网络对个人的养老决策起着重要的作用。

社会支持和认同：社会网络中的成员对个人的支持和认同也会影响其养老决策。如果个人所处的社会网络普遍认同某种养老方式，个人便可能倾向于选择这种方式；相反，如果个人所处的社会网络对某种养老方式持负面态度，个人可能会受到社会压力而选择避免这种方式。

社会比较和竞争：个人在社会网络中也会与他人进行比较和竞争，这可能影响其养老决策。如果个人发现自己的同龄人普遍选择某种养老方式，可能会感到压力而选择跟随其他人的选择。

3. 文化因素

文化因素也是影响个人消费养老意愿和行为的重要因素之一。文化是一个民族或群体共同的认知模式、价值观念和行为规范。不同的文化背景会导致个人对养老的认知和态度存在差异，从而影响其消费养老意愿和行为。一些文化强调家庭的重要性和传统观念，个人可能倾向于依赖家庭支持或传统的养老方式；而另一些文化强调个人独立和自主，个人可能更倾向于选择自己独立的养老方式。

五、意愿的历史演变与趋势分析

意愿是人类行为的基础，它驱动着个体在社会中做出选择和行动。在现代社会中,消费养老意愿的变化备受关注。随着社会经济的发展和变革,人们对养老方式的期待和选择也在不断演变。通过回顾消费养老意愿在不同时期的变化,并分析影响这些变化的社会经济因素,可以更好地理解意愿的形成和演变。

在早期社会,人们的养老模式主要依赖家庭或部落共同承担,个体的选择余地相对较小。随着城市化和现代化的发展,工业革命带来了社会结构的变革,家庭结构发生了转变,养老方式也随之改变。20世纪初,随着现代医疗技术和社会福利制度的建立,公共养老金制度逐渐兴起,为老年人提供了一定的经济支持。到了20世纪后半叶,随着人口老龄化程度的加剧和生活水平的提高,个体对养老方式的选择开始多样化,消费养老意愿逐渐成为社会关注的焦点。

经济状况直接影响个体的养老选择。在经济萧条时期,个体可能倾向于依赖公共福利和家庭支持;而在经济繁荣时期,个体可能更愿意通过个人储蓄和私人养老金等方式来实现自己的养老计划。教育水平和职业发展也会影响个体的养老意愿。受教育程度较高的个体往往更有意识地规划自己的养老方式,可能倾向于通过投资理财、购买保险等方式来实现养老目标;高收入和稳定的职业往往会使个体更有能力和意愿进行养老储蓄和投资。此外,社会文化因素也对消费养老意愿产生重要影响。个体对于养老的态度和偏好受到文化传统、社会风气等因素的影响,不同文化背景下的个体可能对于养老方式有着不同的偏好和选择。

随着社会老龄化的加剧和科技的发展,未来个体的养老选择将更加多样化和个性化。个体可能更倾向于通过数字化技术和智能化设备来实现老年生活的便利和舒适,比如智能家居、远程医疗等。同时,社会保障制度和养老服务行业也将更加完善和多元化,为个体提供更丰富的选择和支持。此外,环境保护意识的提升也将影响个体的养老意愿,更多的个体可能倾向于选择环保、可持续的养老方式。

综上所述,消费养老意愿的历史演变受到多种社会经济因素的影响,未来的发展趋势将更加多样化和个性化。了解这些因素对于政府制定政策、机构提供服务,以及个体规划养老方式都具有重要意义。因此,我们需要密切关注社会经济的发展和变化,及时调整养老政策和服务,以满足个体不断变化的养老需求。

第二节 影响意愿的因素

一、经济因素

影响个人对养老服务消费意愿的因素之一是经济因素,其中收入水平和消费能力是关键的考量因素。随着人们对养老服务的需求不断增加,理解经济因素如何直接影响个人消费意愿变得至关重要。

收入水平在很大程度上决定了个人对养老服务的消费意愿。收入较高的人更有可能选择高档、高质量的养老服务,因为他们有能力支付更多的费用。这些服务可能包括高端的养老社区或定制的医疗护理方案,以满足他们对舒适和优质生活的需求。相比之下,收入较低的人则可能更倾向于选择价格较低但仍然提供基本养老服务的选项,或者依赖家庭成员的照料,因为他们的财务承受能力有限。

消费能力也是影响个人对养老服务消费意愿的重要因素。即使个人拥有一定的收入,但如果其消费能力受到其他因素的限制,比如负债、高昂的医疗费用或其他日常生活支出,可能无法将足够的资金用于养老服务。因此,个人对养老服务的消费意愿可能会受到消费能力的制约。这种情况下,个人可能会选择延迟养老服务的购买,或者寻找更经济实惠的选择,以适应其财务状况。

除了个人收入和消费能力外,还有一些其他经济因素可能会影响养老服务的消费意愿。例如,通货膨胀率和物价水平的变化可能会影响个人的购买力,从而影响其对养老服务的消费意愿。高通货膨胀率可能导致养老服务的价格上涨,从而降低了个人的实际购买能力。此外,经济衰退或不稳定的就业市场可能使个人感到不安,进而降低对未来养老服务的消费意愿,更倾向于储蓄资金以备不时之需。

另一个重要的经济因素是养老保险和社会福利制度。个人是否有适当的养老金、医疗保险和其他福利,可能会影响其对养老服务的消费意愿。个人如果相信自己有足够的养老金或社会福利来覆盖未来的养老需求,可能会倾向于延迟购买养老服务,或者只选择较低成本的选项。相反,个人如果缺乏充足的养老金或社会福利支持,因为意识到自己需要依靠其他方式来满足养老需求,可能会更积极地寻找养老服务。

税收政策和法律规定也可能影响个人对养老服务的消费意愿。一些国家可能提供税收优惠或其他激励措施,以鼓励个人购买养老服务。个人会计算税收优惠后的实际成本,并根据这一因素来决定是否购买养老服务。

综上所述,经济因素在影响个人对养老服务消费意愿方面发挥着重要作用。收入水平、消费能力、通货膨胀率、养老保险和社会福利制度、税收政策和法律规定等因素都可能影响个人的消费决策。因此,充分了解并考虑这些经济因素对个人消费意愿的影响,对于养老服务提供商和政策制定者来说至关重要,以确保他们能够提供符合消费者需求并受到消费者欢迎的服务。

二、心理因素

在心理因素中,风险偏好和预期寿命是两个主要的方面。这两个因素不仅影响着个人对养老规划的态度和行为,也在很大程度上塑造了个人的消费意愿。

风险偏好是指个体在面对不确定性时的选择偏好程度。一般来说,有些人对于未来的不确定性更加敏感,更倾向于避免风险;而另一些人则更愿意承担风险,希望通过承担风险获得更高的回报。在养老规划中,风险偏好影响着个人对不同类型养老投资的选择。对于那些风险偏好较低的人来说,他们倾向于选择相对稳健的投资,如固定收益类产品或者低风险的股票基金;而对于那些风险偏好较高的人来说,则更愿意投资于高风险高回报的产品,如股票、房地产等。因此,个体的风险偏好直接影响着其养老资产的配置,从而影响其未来的养老生活水平和消费能力。

预期寿命对养老规划和消费意愿也有着重要的影响。预期寿命是指个体对自己未来寿命的估计。通常来说,预期寿命较长的人更倾向于采取长期的养老规划,他们更注重长期财务的稳健性和可持续性,更愿意选择长期投资,如股票、房地产等,以确保其养老金能够持续支持其长寿的晚年生活。而对于预期寿命较短的人来说,则可能更倾向于选择较为保守的投资方式,以确保其在短时间内能够获得稳定的收益,满足其有限的养老需求。此外,预期寿命还会影响个体的消费意愿。预期寿命较长的人可能更愿意在年轻时积极消费,因为他们有更长的时间来赚钱和储蓄;而预期寿命较短的人则可能更倾向于节俭,以确保能够在有限的时间内保持财务稳定。

三、社会文化因素

社会文化因素在塑造个人养老消费意愿方面发挥着重要的作用。家庭结构、文化传统以及社会期望都对个体的态度、行为和价值取向产生深远影响。

家庭结构对个人养老消费意愿有着显著影响。在传统家庭结构中,子女对父母的养老负责任是一种普遍的社会期望。在这种情况下,个人可能会更倾向于节省和积累财富,以便在父母年老时能够提供经济支持。相反,在现代家庭结构中,由于核心家庭的独立性增强,个人可能更加注重自己的养老储备和消费能力,而不依赖于子女的经济支持。因此,家庭结构的变化会导致个人对养老消费意愿的不同态度和行为。

文化传统在塑造养老消费意愿方面也起着重要作用。不同文化对待老年人的态度和价值取向存在显著差异。在一些传统文化中,尊重老年人、子女奉养父母是一种核心价值观,因此个人可能更倾向于将财富用于支持父母的养老需求,而不是自己的个人消费。相反,在一些现代化的文化中,个人主义和自我实现被更多地强调,个人可能更注重自己的养老计划和享受生活的方式。因此,文化传统的差异会导致个人对养老消费意愿的不同选择和偏好。

社会期望是塑造个人养老消费意愿的重要因素之一。社会期望反映了社会对个人行为和责任的期待,对个体的行为产生着潜移默化的影响。如果社会期望强调子女奉养父母的责任,个人可能会更加注重家庭支持和财务储备,以满足这种期望。相反,如果社会期望更加注重个人自主和自由选择,个人可能更倾向于追求自己的养老生活方式和消费需求。因此,社会期望的变化会影响个人对养老消费的态度和行为。

综上所述,家庭结构、文化传统和社会期望是影响个人养老消费意愿的重要因素。个人的家庭背景、文化背景以及所处的社会环境都会对其养老消费态度和行为产生深远影响。了解并充分考虑这些因素,有助于制定更加贴合个体需求和社会发展的养老政策和服务。

四、政策与法律环境

政策与法律环境对养老保障体系及个人消费养老意愿产生的影响,涉及政府制定与实施的政策法规及其对养老保障体系的运作和个人消费养老意愿的塑造。在分析这些因素时,我们可以从政策与法律环境对养老保障体系的影响、对个人养老意愿的引导与激励以及政策法规的完善与创新等方面进行展开。

政策与法律环境对养老保障体系的影响是显而易见的。政府通过颁布相关政策法规来建立和完善养老保障体系,包括养老金制度、医疗保障、长期护理等。这些政策的制定不仅影响着养老保障的覆盖范围和水平,也直接影响着个人的养老选择和意愿。例如,政府实施的养老金制度,包括基本养老保险、企业年金、个人商业保险等,对于个人退休后的生活保障至关重要。而医疗保障的完善则可以减轻养老阶段的医疗负担,增强个人养老意愿。因此,政策与法律环境对养老保障体系的建设和实施,直接影响着个人对养老的信心和意愿。

政策与法律环境也对个人消费养老意愿进行了引导与激励。政府通过税收优惠、金融产品创新等手段,鼓励个人在养老保障上的投入和消费。例如,一些国家会对个人的养老金缴纳提供税收减免,或者推出特定的养老理财产品,吸引个人进行养老储蓄和投资。这些政策与法律的引导作用,可以促使个人更加主动地规划和管理自己的养老金,提高其养老的主动性和积极性。同时,政策法规也可以通过鼓励企业提供养老福利、加强社区养老服务等方式,丰富养老选择,增强个人对养老的满意度和信心,进而提升养老意愿。

政策法规的完善与创新对于促进养老保障体系的可持续发展和个人养老意愿的形成非常重要。随着人口老龄化趋势的加剧和社会经济的变化,政府需要不断地完善和创新养老政策法规,以适应新形势下的养老需求。例如,可以通过提高养老金水平、拓宽养老服务渠道、加强长期护理保障等方式,促进养老保障体系的健康发展。同时,政府也需要根据个人养老意愿和需求,及时调整和优化相关政策,使其更加贴近实际、更具吸引力,从而更好地引导和满足个人的养老需求。

综上所述,政策与法律环境对养老保障体系及个人消费养老意愿有着不可忽视的影响。政府通过相关政策法规的制定与实施,不仅直接影响着养老保障体系的运作和个人养老意愿的塑造,也间接影响着社会的养老经济和养老服务体系的发展。因此,政府需要继续关注养老领域的政策法规,不断完善和创新,以促进养老保障体系的健康发展,提升个人对养老的信心和意愿,实现全面、可持续的养老保障目标。

五、技术进步与信息获取

在当今社会,科技的飞速发展,尤其是信息通信技术的普及和进步,对消费养老意愿的影响愈发显著。在探讨这一议题时,我们不仅需要了解技术进步如何改善信息获取,还需深入分析这种改善如何直接或间接地影响了个体和社会对养老的认知、态度和行为。因此,下文将从科技进步对信息获取的影响、消费养老意愿的形成机制以及科技与养老产业的融合等方面展开详细探讨。

科技进步如何改善信息获取是我们讨论的关键。随着互联网、智能手机等信息技术的普及,人们获取信息的途径日益多样化和便捷化。过去需要通过书籍、报纸、电视等传统媒体获取信息,现在只需轻轻一点手机屏幕就能获取海量信息。同时,人工智能技术的应用也为信息获取提供了更加个性化、精准的方式,比如,智能推荐算法可以根据用户的兴趣和偏好为其推送相关养老信息。这种信息获取的改善不仅提升了信息获取的效率,还增加了信息的丰富性和可信度,为个体和社会更好地认识养老问题提供了基础。

科技进步对消费养老意愿的影响主要体现在以下几个方面。首先,信息的充分获取使个体更加了解养老服务的种类、质量、价格等信息,从而提高了其对养老服务的选择能力。例如,通过互联网可以轻松获取各种养老院的评价、服务项目等信息,这有助于个体根据自身需求和偏好选择最适合的养老服务，提高其消费养老的意愿。其次，科技进步也促进了养老服务的创新与提升。随着智能技术、物联网技术在养老服务中的应用，出现了许多新型的智能养老产品和服务，如智能健康监测系统、远程医疗服务等，这些新技术的应用提升了养老服务的品质和便利性，进一步增强了个体选择养老服务的意愿。最后，科技与养老产业的融合也在一定程度上影响了个体和社会的消费养老意愿。随着老龄化社会的到来，养老产业成为一个巨大的市场，吸引了越来越多的资本和科技企业的关注和介入。大量的科技企业开始将目光投向养老产业，通过技术创新和服务模式创新，为养老产业注入了新的活力。这种科技与养老产业的融合不仅为个体提供了更多更好的养老服务选择，也为其提供了更好的消费体验，从而进一步促进了其消费养老的意愿。

总体来说，科技进步对信息获取的改善直接影响了个体和社会对养老问题的认知和态度，进而影响了其消费养老的意愿。同时，科技进步也为养老产业带来了新的发展机遇，科技与养老产业的融合为个体提供了更多更好的养老服务选择，进一步促进了其消费养老的意愿。因此，科技进步与信息获取的改善对于推动养老产业的发展和促进老龄化社会的可持续发展具有重要意义。

第三节 意愿的测量方法

一、问卷调查法

意愿的测量方法在社会科学研究中占据着重要的地位，特别是在了解人们对特定议题或行为的态度、意见和偏好时。在消费养老领域，问卷调查法是一种常用的方法，通过设计细致的问卷来收集大量居民的数据和信息，以深入了解他们的意愿。

首先，问卷调查法的设计是至关重要的。一个有效的问卷需要考虑多个因素，包括问题的准确性、清晰度、连贯性和逻辑性。问题应该被精心设计，以确保能够准确地捕捉到受访者的意愿和态度。在消费养老的背景下，问题可能涉及对养老方式的偏好、对各种服务项目的需求、对价格敏感度的评估等方面。此外,问卷的长度和结构也需要考虑,以确保受访者能够在合理的时间内完成调查并提供真实可靠的回答。

其次,问卷调查的实施需要精心组织和管理。在选择受访者时,需要确保样本的代表性和多样性,以保证调查结果的可靠性和有效性。调查员需要接受专业的培训,以确保在调查过程中能够准确地解释问题并记录回答。此外,保护受访者的隐私和个人信息也是非常重要的,需要采取相应的措施来确保数据的安全性和保密性。

最后,问卷调查完成后,需要对收集到的数据进行分析和解读。这通常涉及统计方法和数据处理技术的运用,以便从大量的信息中提炼出有意义的结果。常见的分析方法包括描述性统计、因子分析、回归分析等。通过对数据的分析,可以发现受访者之间的共性和差异,揭示出他们的意愿和偏好的主要特征和影响因素。这些结果对于政策制定者、服务提供者和学术研究者来说都具有重要的参考价值,可以帮助他们更好地理解消费养老市场的需求和动态,从而制定更加有效的政策和策略。

总的来说,问卷调查法是一种重要而有效的意愿测量方法,特别适用于收集大量居民的数据和信息。通过精心设计、组织和分析,可以深入了解受访者的意愿和偏好,为消费养老领域的发展和政策制定提供重要参考。同时,在实施问卷调查时需要注意保护受访者的隐私和个人信息,确保数据的安全性和可靠性。

二、深度访谈法

深度访谈法是一种深入了解个体消费养老意愿的重要方法。通过一对一或小组访谈,研究者能够与被访者建立起更为亲密和信任的联系,从而获取更为深入和真实的信息。在研究消费养老意愿时,深度访谈法具有独特的优势,可以帮助揭示被访者的动机、考虑因素以及背后的情感和认知过程。

深度访谈法的一对一或小组形式为被访者提供了一个自由、私密的环境,使其感到更加舒适和放松。相比于问卷调查等形式化的方法,被访者更容易敞开心扉,分享他们的真实想法和感受。这种深入沟通有助于研究者更好地理解被访者的内心世界,捕捉到他们隐藏在表面之下的意愿和需求。

深度访谈法强调主观体验和个体差异。在访谈过程中，研究者可以针对每个被访者的特定情境和背景进行个性化的探索，了解他们的个人偏好、家庭状况、经济情况等因素对其消费养老意愿的影响。通过深入了解每个被访者的独特视角和感受，研究者能够获取更为丰富和具体的数据，为后续分析提供更为准确和全面的基础支撑。

深度访谈法还能够帮助研究者探索被访者的潜在动机和考虑因素。通过有针对性地提问和跟进，研究者可以深入挖掘被访者背后的逻辑和情感，揭示其决策行为背后的真正原因。例如，研究者可以询问被访者对于养老的期待、对于未来生活的愿景，以及对于不同养老方式的偏好和顾虑，从而更好地理解他们的消费养老意愿及其形成的动机。

深度访谈法还可以帮助研究者捕捉到被访者的情感和情绪变化。通过细致观察被访者的表情和肢体语言等非言语信号，研究者可以更加敏锐地察觉到被访者内心的波动和变化，从而更好地理解他们的真实感受和需求。这种情感上的连接有助于建立起研究者与被访者之间的信任和共鸣，从而进一步促进信息的交流和共享。

综上所述，深度访谈法作为一种重要的测量意愿的方法，在研究消费养老意愿时具有独特的优势。通过一对一或小组访谈，研究者能够更好地理解被访者的内心世界，捕捉到其真实的动机和考虑因素，从而为未来的政策制定和实践提供更为准确和有效的参考依据。

三、案例研究法

案例研究法是一种深入研究特定个体或群体的方法，通过对其消费养老意愿的形成和影响因素进行详细分析，可以为了解人们的意愿提供宝贵的信息。在这个过程中，研究者可以通过多种手段获取案例的相关信息，例如面对面的访谈、问卷调查、观察等，以全面了解案例的背景，案例中个体或群体的心理状态、价值观等。在深入研究的基础上，可以发现人们意愿形成的内在机制，以及外部因素对其的影响，从而为政策制定和实践提供参考依据。

案例研究法的一个重要特点是其深度和全面性。通过对个体或群体的深入研究，可以发现其消费养老意愿的内在动机和因素。例如，研究者可以通过访谈了解个体的家庭背景、经济状况、健康状况等情况,从而揭示其消费养老意愿的形成过程。同时,还可以通过观察个体的日常生活和行为,了解其实际行动与意愿之间的关系,从而全面了解其意愿的真实性和稳定性。

案例研究法具有很强的灵活性和针对性。研究者可以根据研究目的和问题的具体情况,选择合适的个体或群体作为研究对象,并采用不同的研究方法和手段进行深入分析。例如,如果研究的是老年人的消费养老意愿,可以选择一些典型的老年人作为案例,通过访谈和观察了解他们的意愿形成过程和影响因素;如果研究的是不同社会群体的消费养老意愿差异,可以选择不同年龄、性别、职业等特征的个体作为案例,进行比较分析。

案例研究法还可以结合其他研究方法和理论,进行综合分析。例如,可以结合心理学理论分析个体的意愿形成过程,结合经济学理论分析其消费行为的动机,结合社会学理论分析其受到的外部影响等。通过综合运用不同的理论和方法,可以更加全面地理解个体或群体的消费养老意愿,为政策制定和实践提供更有针对性的建议。

综上所述,案例研究法是一种深入研究个体或群体消费养老意愿的有效方法,具有深度、全面性、灵活性和针对性等特点。通过深入分析案例,可以揭示意愿形成的内在机制和外部影响因素,为相关政策制定和实践提供重要参考。

四、数据分析法

数据分析法是研究消费养老意愿的重要方法之一,它利用统计学和计量经济学方法对已有数据进行分析,以识别和量化影响个体消费养老意愿的各种因素。这种方法建立在经济学和行为科学的基础上,通过对大量数据的处理和解读,为政策制定、市场营销以及社会发展等提供重要的参考。

数据分析法的核心在于数据的收集和整理。研究者需要收集关于个体消费养老意愿的相关数据,包括个人基本信息、经济状况、家庭结构、社会关系、偏好倾向等。这些数据可以通过问卷调查、访谈、社会统计资料等多种渠道获取,然后进行整理和清洗,确保数据的准确性和完整性。

数据分析法利用统计学方法对数据进行描述性分析。通过对样本数据的汇总、统计量的计算以及图表的绘制，研究者可以直观地了解个体消费养老意愿的分布情况、主要特征以及可能存在的规律。例如，可以计算平均意愿水平、意愿的标准差、意愿的分布情况等，以揭示群体整体的态度倾向。

数据分析法可以运用计量经济学方法对影响消费养老意愿的因素进行量化分析。这种方法主要通过建立数学模型，运用回归分析、方差分析、因子分析等技术手段来分析不同变量之间的关系及其对消费养老意愿的影响程度。例如，可以构建消费养老意愿的回归模型，将个体的经济收入、家庭结构、教育水平、健康状况等因素作为自变量，消费养老意愿作为因变量，通过对模型的估计和检验，来量化各个因素对意愿的影响。

数据分析法还可以运用因果推断方法对消费养老意愿的影响机制进行深入分析。通过对数据进行实验设计或者利用自然实验，验证不同因素对意愿的影响是否具有因果关系，并且探讨这种关系的内在机制。例如，可以通过实验分组的方式，对不同群体进行政策干预或者信息干预，然后观察其对消费养老意愿的影响，从而揭示政策因素、信息因素等对意愿的影响路径和机制。

五、行为实验法

行为实验法是一种重要的测量意愿的方法，尤其在探究养老消费决策过程中的影响因素时，其应用具有显著的优势。这种方法通过在实验室或控制条件下模拟真实环境，观察和分析实验参与者的行为和选择，从而深入理解其背后的心理机制和决策过程。以下将详细探讨行为实验法在测量意愿方面的应用及其优势。

行为实验法的核心在于其实验性质。通过在控制条件下进行实验，研究人员能够操纵和控制各种变量，以便更清晰地观察和测量意愿。在养老消费决策研究中，研究人员可以设计不同类型的实验，例如，购买偏好实验、资源分配实验等，从而深入了解参与者对于不同选择的偏好和倾向。

行为实验法能够提供具体的行为数据。相比于调查问卷等传统方法，行为实验法可以更直接地观察参与者的行为，从而获得更为客观和准确的数据。通过记录参与者的实际选择和行为，研究人员可以量化意愿，并进一步分析其背后的心理机制和因素。

行为实验法能够模拟真实环境,增强实验的外部有效性。在养老消费决策研究中,模拟真实的购买环境和决策情境能够使参与者更容易产生真实的决策和行为,从而提高实验的可靠性和可重复性。通过控制条件和环境,研究人员可以更好地理解参与者的意愿,并为实际决策提供更有力的参考依据。

行为实验法还能够探索意愿背后的心理机制。通过观察参与者的行为和选择,研究人员可以推断其背后的认知、情感和动机,从而深入理解意愿形成的过程和影响因素。例如,通过分析参与者的决策路径和反应时间,可以揭示其决策过程中的思考和权衡过程,进而为干预和管理提供更有效的策略。

行为实验法具有较高的灵活性和可操作性。研究人员可以根据具体的研究目的和问题设计不同类型的实验,并灵活调整实验条件和参数,以便更好地满足研究需求。此外,随着技术的发展,行为实验法也可以与眼动追踪、脑成像等技术相结合,进一步深入探究意愿形成的神经机制和基础。

综上所述,行为实验法作为一种重要的意愿测量方法,在养老消费决策研究中具有显著的优势和应用前景。通过模拟真实环境、提供具体行为数据、探索心理机制等途径,行为实验法能够深入了解参与者的意愿,并为相关政策制定和实践提供科学依据。因此,在未来的研究中,应该进一步发挥行为实验法的优势,拓展其在意愿测量领域的应用范围,为促进养老消费决策和金融管理提供更深入的理论和实证支持。

第四节　居民意愿分析

一、人口统计特征与消费养老意愿

在社会老龄化的趋势下,养老问题逐渐成为人们关注的焦点之一。随着经济的发展和人们生活水平的提高,消费养老意愿逐渐增强。本节将分析人口统计特征对居民消费养老意愿的影响,主要包括年龄、性别、教育水平等方面。

年龄是影响消费养老意愿的重要因素之一。随着年龄的增长,人们对养老的需求和意愿也会逐渐增强。年长者通常更加关注养老服务的质量和便捷性,愿意为更好的养老服务买单。相反,年轻人对养老的关注度相对较低,他们可能更加注重个人发展和职业规划,对养老的投入相对较少。因此,针对不同年龄段的消费者,需要提供不同类型的养老服务,以满足他们的需求。

性别也会对消费养老意愿产生一定的影响。一般来说,女性更加注重家庭和社交关系,对养老服务的需求可能更为迫切。她们可能倾向于选择具有人情味和关怀性的养老服务,愿意为此支付更多的费用。而男性可能更注重养老服务的实用性和效率,更倾向于选择技术含量较高的养老产品或服务。因此,针对不同性别的消费者,需要提供不同类型的养老选择,以满足他们不同的需求和偏好。

教育水平也是影响消费养老意愿的重要因素之一。一般来说,受过较高教育的人群可能更加注重个人权益和尊严,对养老服务的品质和服务态度要求较高。他们可能更倾向于选择具有专业水平和品牌口碑的养老机构或服务提供商。相反,教育水平较低的人群可能更注重养老服务的实惠和便捷性,愿意选择价格较低但性价比较高的养老产品或服务。因此,针对不同教育水平的消费者,需要提供不同水平和定位的养老服务,以满足他们的不同需求。

综上所述,年龄、性别、教育水平等人口统计特征都会对居民的消费养老意愿产生一定的影响。了解并把握这些影响因素,有助于更好地制定养老服务政策,满足不同群体的养老需求,推动养老服务行业的健康发展。

二、经济状况对消费意愿的影响

在养老服务领域,个人和家庭的经济状况直接决定了他们对养老服务的需求程度以及他们是否有支付这些服务的能力。

个人和家庭的收入水平是决定其养老服务消费意愿的核心因素之一。收入较高的个人或家庭通常更有能力购买高品质的养老服务,如高档的养老院、个性化的护理服务等。相反,收入较低的个人或家庭可能会面临着经济压力,只能选择较为廉价的养老服务或依赖政府的社会福利服务。因此,个人和家庭的收入水平直接影响了他们对养老服务的选择和支付能力。

个人和家庭的储蓄和财务状况也是重要的考虑因素。拥有充足储蓄的个人或家庭可以更轻松地支付养老服务的费用,并且可以更加灵活地应对意外支出或生活变化。相反,缺乏储蓄或处于财务困境中的个人或家庭可能会在养老服务方面感到更大的压力,甚至可能无法覆盖基本的养老需求。因此,储蓄和财务状况对于个人和家庭是否能够获取和支付养老服务非常重要。

个人和家庭的债务水平也会影响其养老服务消费意愿。高债务水平可能会限制个人或家庭的消费能力,使他们无法承担额外的养老服务费用。此外,债务可能会导致金融不稳定,进而影响到个人或家庭未来的财务规划和养老准备。因此,债务状况对于个人和家庭的养老服务消费意愿也是一个重要的考虑因素。

除了收入、储蓄和债务外,个人和家庭的职业和就业状况也会对其养老服务消费意愿产生影响。稳定的就业和职业发展可能会增加个人或家庭的收入,并提升其对高品质养老服务的支付能力。相反,失业或不稳定的工作可能会导致收入下降,从而限制个人或家庭的养老服务选择。此外,某些职业可能会提供额外的养老福利或保险,从而影响个人或家庭对养老服务的需求和支付能力。

个人和家庭的健康状况也是影响其养老服务消费意愿的重要因素。健康状况良好的个人或家庭可能会更加关注养老服务,并愿意为提高生活质量和健康照护支付更多的费用。相反,健康状况较差的个人或家庭可能会更多地关注基本的医疗需求,这可能会对养老服务的消费意愿产生影响。

三、社会支持系统的角色

社会支持系统在个人养老消费意愿中同样扮演着重要的角色。这个系统由家庭、社区和政府支持构成,共同影响着个体在老年生活中的财务和精神状态。

家庭支持对个人的养老消费意愿有着深远的影响。家庭在老年人生活中通常是最主要的社会支持网络,子女、配偶和其他亲属在提供情感、精神和物质支持方面扮演着重要角色。在许多文化中,子女对父母的赡养责任被视为一种传统和道德义务。因此,个人如果感知到家庭支持不足,可能会降低其养老消费意愿,担心缺乏支持而导致未来生活的不确定性。相反,如果家庭关系融洽、支持充足,个人可能更愿意花费在养老上,因为他们有信心在需要时可以获得必要的支持。

社区支持也对个人的养老消费意愿产生影响。社区资源、服务和互助网络可以帮助老年人解决日常生活中的各种问题,从健康护理到社交活动等。一个支持完善的社区可以减轻个人的经济负担,提供各种补充性服务,从而增强老年人的生活质量。例如,社区活动中心提供的免费或低成本的娱乐和健康服务可以降低个人的生活费用,使他们更有可能愿意花费在其他方面,如旅行或兴趣爱好。此外,社区支持还可以提供精神上的慰藉和归属感,这也会影响个人对养老消费的态度。

政府支持在塑造个人养老消费意愿方面起着关键作用。政府通过各种养老金、社会福利和医疗保障计划来提供财政支持,帮助老年人满足基本需求。这些支持措施可以显著影响个人的养老消费意愿。如果政府提供了充足的养老金和医疗保障,个人可能更有信心花费在养老上,因为他们知道政府的支持可以在需要时提供保障。相反,如果政府支持不足或制度不完善,个人可能会更加谨慎地管理其养老金,担心将来医疗费用和其他开支可能无法覆盖。

四、文化因素与消费养老意愿

文化因素对养老消费意愿的塑造具有深远的影响。文化背景、价值观以及传统都在一定程度上影响了人们对于养老方式的偏好。

文化背景在塑造消费养老意愿方面发挥着重要作用。不同国家、地区的文化背景会产生不同的影响。例如,一些国家或地区注重家庭观念,更倾向于传统的家庭养老模式,认为子女应该负担起照顾年迈父母的责任。相比之下,一些西方国家更注重个人独立和自主,更倾向于通过养老金、养老院等方式来解决养老问题,而不依赖子女。因此,文化背景在决定个体对于养老消费方式的选择时起到了关键作用。

价值观对养老消费意愿的塑造也很重要。价值观是个人对于生活、人生和社会的看法和评价,它们深刻地影响着个体的行为和选择。一些重视家庭纽带、强调传统道德的人可能更倾向于选择与家人同住、亲子相扶持的养老方式,而一些重视个人自由和独立、强调个体权利的人则可能更倾向于选择独立居住或养老院等方式。因此,价值观对于个体对养老消费方式的选择产生了重要的影响。

传统也在一定程度上塑造了人们对于养老消费方式的偏好。历史、风俗习惯等传统因素都会对人们的行为和选择产生影响。例如,在一些地区,孝道观念深厚,人们普遍认为应该孝顺父母,因此更倾向于选择与父母同住或者通过家庭方式来解决养老问题;而在另一些地区,由于现代化进程和城市化发展,人们更倾向于选择现代化的养老方式,如养老院等。因此,传统在一定程度上决定了人们对于养老消费方式的选择。

综上所述,文化因素在塑造消费养老意愿方面发挥着重要作用。文化背景、价值观和传统共同影响着人们对于养老消费方式的选择,因此,在进行居民意愿分析时,必须充分考虑这些因素,以更好地理解和解决养老问题。

五、技术接受度与信息可获取性

在当代社会,随着科技的不断进步和信息的快速传播,技术接受度和信息可获取性成为影响人们消费养老意愿和决策的重要因素。

技术接受度是指个体对新技术的接受程度和愿意采用的意愿。随着老龄化社会的到来,各种新技术被引入养老领域,如智能家居、健康监测设备、智能穿戴设备等,这些技术为老年人提供了更便捷、舒适和安全的生活方式。然而,老年人对新技术的接受度往往较低,主要是由于对技术的陌生感,以及对技术的使用难度、安全性等的顾虑。因此,提高老年人对新技术的接受度,需要针对其特点和需求,提供简单易用、安全可靠的产品,并加强对技术的宣传和培训,增强其对技术的信心和兴趣。

信息可获取性是指个体获取养老相关信息的便利程度。随着互联网的普及和信息技术的发展,人们可以通过多种渠道获取养老信息,如搜索引擎、社交媒体、专业网站等。然而,老年人由于对互联网和数字技术的不熟悉,往往面临信息获取的困难。此外,养老信息的真实性和权威性也是老年人关注的重要问题。因此,提高老年人获取养老信息的便利性,需要建立易于使用和受信任的信息平台,提供权威可靠的信息资源,并加强对老年人的信息素养培训,提高其辨别信息的能力。

技术接受度和信息可获取性对养老消费意愿和决策产生了重要影响。技术的普及和应用可以提升老年人的生活质量,增强其对养老服务的满意度,从而促进其消费意愿。例如,智能家居设备可以帮助老年人更方便地管理家庭,健康监测设备可以帮助老年人及时掌握健康状况,提高生活安全感。信息的获取便利性可以帮助老年人更好地了解养老服务和产品,做出更明智的消费决策。例如,通过互联网搜索可以了解不同养老机构的服务质量和口碑,通过社交媒体可以了解他人的使用经验和评价,从而选择最适合自己的养老方案。

综上所述,技术接受度和信息可获取性会对养老消费意愿和决策产生重要影响,需要采取有效措施提高老年人对新技术的接受度和信息获取的便利性,从而促进老年人的消费养老意愿和决策,提升其生活质量和幸福感。

第三章 企业在消费养老中的角色

在第三章中,我们将深入探讨企业在消费养老领域中的关键角色及其所扮演的多重身份。企业不仅是养老服务和产品的提供者,也是推动消费养老发展的重要力量。本章首先解析了企业参与消费养老的意义,指出其不仅对企业自身的可持续发展具有重要影响,也对促进社会养老体系的完善和创新发挥着不可或缺的作用。随后,我们将探讨不同类型企业在养老服务市场中的参与模式,包括直接服务、产品创新、技术应用等多种形式。面对消费养老市场的快速发展和日趋激烈的竞争,企业面临着一系列挑战,包括政策法规的变化、市场需求的多样性、技术更新的速度等。最后通过对成功企业案例的分析,本章旨在提出有效的策略建议,帮助企业克服挑战,抓住机遇,从而在消费养老市场中取得成功。

第一节 企业参与的意义

一、增强社会责任感

企业参与消费养老的意义不仅仅是一种商业行为,更是对社会责任的积极承担,具有深远的意义和影响。在当今社会,随着人口老龄化的加剧和养老问题的日益突出,企业参与消费养老不仅能够实现经济效益,更重要的是能够增强社会责任感,提升公众形象。

企业参与消费养老能够提升其社会责任感。随着社会的发展,人们对企业的期待不仅仅局限于提供产品和服务，更关注企业在社会责任方面的表现。在消费养老领域，企业通过提供优质的养老产品和服务，满足老年人的生活需求，在实现了经济效益的同时也实现了社会效益。这种积极的社会行为能够增强企业的社会责任感，树立企业良好的社会形象。

企业参与消费养老能够提升公众形象。老年人是社会的重要组成部分，其生活质量和幸福感直接关系到社会稳定与和谐。企业如果能够关注并满足老年人的生活需求，提供高质量的养老产品和服务，就能够赢得公众的认可和尊重。公众会认为这些企业具有社会责任感，愿意支持和信任这些企业的产品和服务，从而提升企业的市场竞争力。

企业参与消费养老也是对老年人权益的保护和支持。老年人是社会的弱势群体，他们在生活中可能面临各种困难和挑战。企业如果能够提供优质的养老产品和服务，就能够有效保障老年人的生活质量和权益，提升他们的生活幸福感和获得感。这种对老年人的支持和保护不仅能够体现企业的社会责任感，也是对社会公平正义的积极贡献。

总的来说，企业参与消费养老具有重要的意义和价值。通过这种方式，企业不仅能够实现经济效益，更重要的是能够增强社会责任感，提升公众形象，保护老年人的权益，促进社会的和谐稳定。因此，企业应当积极参与消费养老，为社会的发展和进步做出更大的贡献。

二、拓展市场潜力

随着全球人口老龄化趋势不断加剧，养老服务成为一个备受关注的领域。企业参与养老服务的意义在于拓展市场潜力，这不仅是一种商业机会，更是对社会责任的回应。老龄人口的增加不仅仅意味着市场规模的扩大，更意味着对养老服务的需求将变得日益迫切和多样化。因此，企业参与养老服务可以带来多方面的意义。

企业参与养老服务可以带来新的市场机会。随着老龄人口的增加，养老服务市场的规模不断扩大。从传统的养老院到社区养老服务、智能健康监测设备等，各种形式的养老服务都有望成为潜在的商业机会。企业可以通过提供高品质、个性化的养老服务来满足不同老年人的需求，从而在这一市场中获得竞争优势。

企业参与养老服务有助于提升服务品质和创新能力。随着竞争的加剧，企业不得不持续提升养老服务的品质和水平，以吸引更多的客户。这就需要企业不断进行技术创新和管理创新，开发出更加智能化、便捷化的养老服务产品和解决方案。例如，利用人工智能技术开发智能健康监测系统，可以实时监测老年人的健康状况，并及时提供帮助，提高老年人的生活质量。

企业参与养老服务也是对社会责任的一种回应。老龄人口增加给社会带来了诸多挑战，如养老服务不足、养老资源不均衡等。作为社会的一分子，企业有责任为老年人提供更好的生活服务和保障。通过参与养老服务，企业不仅可以实现自身的经济利益，更能为社会做出积极贡献，促进社会的和谐与稳定。

企业参与养老服务也有助于推动相关政策的制定和完善。随着老龄人口的增加，养老服务的需求将越来越受到政府和社会的关注。企业作为养老服务的主要提供者之一，其参与可以为政府制定相关政策提供重要的参考意见和数据支持。通过与政府和相关部门的合作，企业可以共同推动养老服务领域的政策制定和改革，为老年人提供更加全面、高效的养老服务。

综上所述，企业参与养老服务不仅可以拓展市场潜力，更可以提升服务品质和创新能力，履行社会责任，推动相关政策的制定和完善。因此，企业应当积极参与养老服务，充分发挥自身优势，为老年人提供更好的生活服务和保障，促进养老服务产业的健康发展，推动社会的全面进步。

三、促进技术创新

企业参与养老产业的意义不仅仅在于实现经济利益，更重要的是其在促进技术创新方面扮演的角色。当企业投入养老产业时，它们不仅仅是在追逐市场份额和盈利，更是在积极推动技术的发展，特别是在智能养老设备领域。这种技术创新的推动对于社会的发展和老年人的生活质量提高都具有重要意义。

企业投入养老产业可以推动智能养老设备的开发。随着人口老龄化趋势的加剧，老年人口的需求日益增长，如何更好地满足他们的生活需求成为一个重要的课题。而智能养老设备的出现,能够有效地解决老年人生活中的诸多问题,比如健康监测、生活辅助、安全防护等方面。企业在这个领域的投入不仅能够满足市场需求,更能够推动科技的发展,促进智能技术在养老领域的应用和创新。

企业的参与可以加速智能养老设备的研发和应用。在传统的养老模式下,老年人的生活往往依赖于家人或者养老院的照顾,但这种模式存在着诸多不足,比如资源分配不均、服务质量参差不齐等。而智能养老设备的出现,可以有效地解决这些问题,提高老年人的生活质量和幸福感。企业在这个领域的投入不仅能够提升产品的技术水平和性能表现,更能够推动智能养老设备的普及和应用,使更多的老年人受益于科技的进步。

企业的参与还能够促进养老产业的全面升级和转型。随着经济的发展和社会的进步,人们对于养老服务的需求也在不断提升,传统的养老模式已经不能满足现代社会的需求。而企业的参与可以为养老产业注入新的活力和动力,推动养老服务的创新和变革,促进养老产业的健康发展。通过技术创新和产业升级,可以实现养老产业的高质量发展,提升养老服务的水平和品质,满足老年人群日益增长的多样化需求。

总的来说,企业参与养老产业能够促进技术创新,特别是在智能养老设备的开发和应用方面。这不仅能够满足市场需求,更能够提升老年人的生活质量和幸福感,推动养老产业的全面升级和转型,促进养老服务的创新和发展。因此,企业应该积极参与养老产业,充分发挥自身的技术和资源优势,为老年人的幸福生活贡献自己的力量。

四、提高品牌竞争力

企业参与消费养老具有重要的意义,其中之一是提高品牌竞争力。在当今竞争激烈的市场环境中,企业需要不断寻求新的发展机遇和增长点,而消费养老正是一个充满潜力的领域。通过提供高质量的服务,企业可以增强品牌的认知度和竞争力,从而在市场中占据更有利的地位。

企业参与消费养老可以帮助塑造品牌形象。随着人口老龄化趋势的不断加剧,老年人群体的消费能力和消费需求也日益增长。针对这一群体的服务需求涉及养老护理、健康管理、文化娱乐等多个方面，而企业通过提供这些服务，不仅可以满足消费者的需求，还能够在消费者心中树立良好的品牌形象。例如，一家专注于老年健康护理的企业，如果能够提供高品质的医疗护理服务、定制的健康管理方案以及舒适便捷的生活环境，就会在老年消费者中建立起良好的口碑和形象，从而增强品牌竞争力。

企业参与消费养老可以拓展市场份额。老年消费群体的规模庞大，消费需求广泛，而且在未来还将持续增长。因此，企业如果能够把握住这一市场机遇，满足老年消费者的需求，就有望获取更多的市场份额。通过不断提升服务质量、拓展产品线，企业可以吸引更多的消费者，进而增加销售额和市场份额。例如，一家专门从事老年健康食品研发和销售的企业，如果能够不断推出营养丰富、口感美味的产品，并且在销售渠道上做足文章，就能够吸引更多老年消费者，稳固自身在市场中的地位，进而扩大市场份额。

企业参与消费养老还可以增强品牌的社会责任感和公众形象。随着社会的进步和发展，人们对企业的社会责任感和公益形象的要求也越来越高。而参与消费养老正是一个体现企业社会责任的重要途径。通过为老年人群提供优质的生活服务，企业不仅能够实现经济效益，还能够履行社会责任，为社会做出积极贡献。例如，一家企业如果能够在养老服务中注重人文关怀、提供文化娱乐活动等，就能够赢得社会的认可和尊重，树立起良好的公众形象，从而提升品牌竞争力。

综上所述，企业参与消费养老可以通过提供高质量的服务来增强品牌的认知度和竞争力。通过塑造良好的品牌形象、拓展市场份额以及增强社会责任感，企业可以在竞争激烈的市场环境中脱颖而出，赢得消费者的信赖和支持，进而实现持续健康发展。因此，对于企业而言，参与消费养老领域不仅是一种商业机遇，更是一种战略选择，是提升品牌竞争力的重要途径之一。

五、实现可持续发展

企业参与养老服务的意义还在于实现可持续发展。在当今社会，随着人口老龄化问题的日益突出，养老服务需求逐渐增加，这不仅是一个社会问题，也是一个商机。企业参与养老服务不仅能够满足社会日益增长的养老需求，还能够为企业自身带来长期可持续发展的机遇。

企业参与养老服务可以拓展市场空间。随着人口老龄化的不断加剧,老年人群体成为一个巨大的消费群体。而针对老年人的养老服务市场也在不断扩大,包括但不限于养老院、社区养老服务、老年健康管理等。企业通过提供各种形式的养老服务,可以抓住这一庞大市场的机遇,拓展自身的市场空间,实现更大规模的经济收益。

企业参与养老服务有助于提升企业形象。在社会责任日益受到关注的今天,企业的社会责任意识越来越强。通过参与养老服务,企业可以展现其对社会的关爱和责任,树立良好的企业形象。一方面,这有助于提升企业在消费者心目中的形象,增强其品牌的认可度和美誉度;另一方面,也有助于吸引优秀的人才,提升企业的人才吸引力和凝聚力。

企业参与养老服务还可以促进产业升级和转型。随着老龄化问题的加剧,传统的养老服务方式已经不能满足人们的需求,需要更加多样化、个性化的养老服务。企业通过参与养老服务,不仅可以推动养老服务行业的创新和发展,满足社会的多样化需求,还可以促进产业结构的升级和转型,推动经济的可持续发展。

企业参与养老服务还可以带动相关产业的发展。养老服务涉及诸多产业链条,包括但不限于医疗保健、健康管理、康复护理、社会工作等。企业参与养老服务,不仅可以推动养老服务产业链的发展,还可以带动相关产业的发展,形成产业集群效应,促进区域经济的发展。

综上所述,企业参与养老服务不仅有助于满足社会日益增长的养老需求,还可以为企业自身带来长期可持续发展的机遇。企业应当积极参与养老服务,发挥自身优势,为社会和自身创造更大的价值。

第二节　企业参与模式

一、直接服务

企业参与老年人养老服务的模式在当今社会变得越来越多样化和多元

化。其中，直接服务是一种常见的模式，企业通过直接向老年消费者提供养老服务和产品来满足他们的需求。这种模式涵盖了多种形式，包括养老院、居家护理服务等，其背后蕴含着丰富的商业机会和社会责任。

养老院作为直接服务的重要形式之一，在满足老年人基本生活需求的同时，也提供了社交、文化、医疗等方面的服务。养老院的出现解决了部分老年人因生活不能自理或家庭无法提供相应服务而面临的问题，为他们提供了一个安全、舒适的生活环境。在养老院中，老年人可以与同龄人交流，共同度过晚年时光，同时享受专业的护理服务和医疗保健，这种模式不仅满足了老年人的实际需求，也为企业带来了稳定的收入来源。

另外，居家护理服务也是直接服务的重要组成部分。随着老龄化趋势的加剧，越来越多的老年人希望在家中享受养老服务，而不是选择住进养老院。因此，一些企业提供居家护理服务，包括但不限于医疗护理、日常生活照料、家务劳动等，以满足老年人在家中的养老需求。这种模式不仅方便了老年人及其家人，也为企业创造了商机。企业可以提供各种灵活的居家护理方案，根据老年人的实际需求进行个性化定制，从而提高服务质量和老年人生活的幸福感。

除了上述形式外，企业还可以通过直接提供老年人健康管理、文化娱乐等产品和服务来参与养老产业。例如，一些企业推出针对老年人的健康管理软件或设备，帮助他们监测健康状况、制订健康计划等；还有一些企业提供老年人文化娱乐活动，如书画班、舞蹈课程等，丰富了老年人的精神生活，促进了他们的身心健康。

在直接服务的模式下，企业需要充分了解老年人的需求和偏好，提供贴心、专业的服务和产品。同时，企业还需要关注老年人养老产业的监管政策和市场竞争情况，不断创新和提升自身服务水平，以赢得老年消费者的信任和支持。通过积极参与老年人养老服务市场，企业不仅可以实现经济效益，还能够履行社会责任，为社会老龄化问题提供解决方案，促进老年人健康幸福老龄化的实现。

二、技术和产品创新

随着全球老龄化趋势的日益显著，老年人群体的特殊需求日益凸显，这为企业提供了巨大的商机和挑战。在这种背景下,技术和产品创新成为企业参与老年人市场的重要途径之一。企业通过研发新技术和产品,如智能穿戴设备和健康管理软件等,来满足老年人的特殊需求,这不仅可以提高老年人的生活质量,还可以创造更多的商业价值。

智能穿戴设备是一种重要的技术创新,它能够帮助老年人监测健康状况、提供紧急救援、记录日常活动等。例如,智能手环可以实时监测心率、血压等生理指标,当检测到异常时,立即发送警报并呼叫急救人员。此外,智能眼镜可以提供导航、语音识别等功能,帮助老年人更方便地进行日常生活。这些智能穿戴设备的出现,不仅为老年人提供了更好的健康管理工具,也为企业带来了可观的市场需求。

健康管理软件也是一种重要的产品创新,它可以帮助老年人更好地管理自己的健康。这些软件通常具有监测健康数据、制订健康计划、提供健康建议等功能。例如,一些健康管理软件可以通过智能算法来分析老年人的健康数据,提供个性化的健康建议,帮助他们更科学地调整饮食和运动习惯。同时,这些软件还可以与智能穿戴设备进行互联,实现健康数据的实时监测和管理。这些健康管理软件的出现,为老年人提供了更便捷、更智能的健康管理方式,也为企业带来了更多的商业机会。

除了智能穿戴设备和健康管理软件,还有许多其他的技术和产品创新,如智能家居设备、虚拟现实技术等,都可以满足老年人的特殊需求。例如,智能家居设备可以帮助老年人远程控制家电、监测家庭安全等,提高生活的便利性和舒适度;虚拟现实技术可以为老年人提供沉浸式的娱乐和教育体验,延缓认知功能下降。这些技术和产品创新的不断涌现,为老年人提供了更多选择,丰富了他们的生活。

然而,企业在参与老年人市场的过程中也面临着一些挑战。首先,老年人群体的特殊需求和偏好较为多样化,企业需要深入了解老年人的需求,开发出符合其实际情况的产品和服务;其次,老年人群体的技术接受能力相对较低,企业需要设计简单易用、界面友好的产品,降低老年人的学习成本;再次,老年人市场的竞争激烈,企业需要不断创新,提高产品的差异化和竞争力;最后,老年人市场的监管环境相对复杂,企业需要遵循相关法律法规,保障产品的安全性和可靠性。

三、公私合营模式

公私合营模式是一种企业与政府或非营利组织之间合作的模式，旨在共同提供养老服务，并分享资源、分担风险。这种模式的出现是因为养老服务需求的增加与社会资源分配的不均衡之间的矛盾。在这种模式下，企业、政府和非营利组织各自的优势和资源被整合利用，以更好地满足老年人的养老需求，提高社会的整体福利水平。

公私合营模式可以有效整合各方资源，提高养老服务的供给能力。企业通常具有资金、管理经验和市场运作能力等优势，可以提供专业的养老服务设施和人员。政府可以提供政策支持、土地资源和监管保障，促进养老服务市场的健康发展。非营利组织则常常在社区层面有较强的影响力和资源，能够为老年人提供更贴近生活、更个性化的服务。各方资源的有效整合，可以建立起完善的养老服务体系，满足不同老年人的多样化需求。

公私合营模式可以实现风险共担，降低各方的经营风险。养老服务行业存在着诸多不确定性，如市场需求波动、政策变化、经营成本上升等。在公私合营模式下，各方共同承担经营风险，减轻了企业单方面承担风险的压力。政府在制定政策时可以考虑企业的利益，为其提供支持和保障；企业也可以通过与政府和非营利组织合作，分担市场风险，降低经营成本，提高盈利能力。

公私合营模式有助于提高养老服务的质量和效率。企业的市场竞争机制可以促使其提高服务质量，不断优化经营管理模式，提高服务效率。政府的监管作用可以保障老年人的合法权益，规范市场秩序，防止恶性竞争和低水平重复建设。非营利组织的参与则可以增加服务的社会性和公益性，提高老年人的满意度和幸福感。

公私合营模式还可以促进养老服务的创新和发展。不同领域、不同层面的合作可以为养老服务带来更多的创新思路和实践经验，推动行业的技术进步和管理创新。政府可以通过政策引导和财政支持，鼓励企业和非营利组织参与养老服务，推动行业向智能化、信息化、普惠化方向发展，提高养老服务的品质和水平。

综上所述，公私合营模式作为一种养老服务的发展模式，具有资源整合、风险共担、提质增效和促进创新等多方面的优势。在未来的养老服务发展中，各方应当充分发挥优势，加强合作，共同推动养老服务行业的健康发展，为老年人提供更优质、更普惠的养老服务。

四、社区参与和服务

企业参与社区建设和服务是一种重要的社会责任行为，尤其是在老龄化社会的背景下，对老年人提供综合性服务具有重要的意义。

企业可以通过投资建设老年人社区来实现对社区的参与。老年人社区不仅仅是一个住宅区，更是一个提供各种服务的综合性社区。企业可以投资建设这样的社区，为老年人提供舒适的居住环境和便利的生活服务。这种投资不仅有利于老年人生活质量的提高，也有利于企业的社会形象和品牌价值的提升。

企业可以在老年人社区中提供各种文化娱乐服务。老年人在退休后有更多的时间来参与各种文化娱乐活动，但是由于种种原因，很多老年人缺乏这方面的资源和机会。企业可以在老年人社区中建立文化娱乐设施，如阅读室、音乐室、电影院等，为老年人提供各种娱乐活动的场所和设备。此外，企业还可以组织各种文化娱乐活动，如书画展、音乐会、舞蹈表演等，丰富老年人的文化生活，提高他们的生活质量。

除了文化娱乐服务，企业还可以在老年人社区中提供健康照护等服务。随着年龄的增长，老年人面临着更多的健康问题，需要更多的医疗和护理服务。企业可以在老年人社区中建立医疗机构和健康管理中心，为老年人提供全面的健康照护服务，包括定期的健康体检、慢性病管理、康复护理等服务，帮助老年人保持健康、延缓衰老。

企业还可以通过提供社区服务来参与老年人社区建设。社区服务包括各种便民服务和社区活动，如维修服务、购物服务、社区活动等。企业可以在老年人社区中设立便民服务中心，为老年人提供各种便民服务，如家政服务、送餐服务、代办事务等，方便老年人的生活。同时，企业还可以组织各种社区活动，如健身操、手工制作、社区义工等活动，促进老年人之间的交流和互动，营造和谐温馨的社区氛围。

综上所述,企业参与老年人社区建设和服务是一项重要的社会责任行为,对老年人的生活质量和社区的发展都具有重要的意义。通过投资建设老年人社区、提供文化娱乐和健康照护等服务,企业可以为老年人提供更好的生活条件,提高老年人的生活质量,同时也为企业自身的社会形象和品牌价值的提升做出贡献。

五、金融服务创新

随着全球人口老龄化趋势的加剧,养老金融服务创新已成为企业关注的重要领域。在这个领域,企业可以通过开发新型养老金融产品和服务来满足不断增长的消费者养老需求,从而为社会提供更全面、更可靠的养老保障。养老金融服务创新不仅仅是提供传统的养老保险,还包括退休规划咨询、金融产品设计等方面,以更好地满足老年人的经济和生活需求,促进社会的可持续发展。

养老保险是养老金融服务创新的核心内容之一。随着人口老龄化程度的加深,养老保险的需求逐渐增加。传统的养老保险产品主要包括养老年金保险和养老医疗保险,但这些产品往往存在覆盖面不足、保障水平有限等问题。因此,企业可以通过创新设计更具灵活性和个性化的养老保险产品,以满足不同消费者的需求。例如,可以推出灵活的养老储蓄保险产品,让消费者可以根据自己的实际情况选择缴费期限和保障水平,以实现个性化的养老规划。

退休规划咨询也是养老金融服务创新的重要内容之一。随着经济的发展和金融市场的复杂化,普通消费者往往缺乏退休规划的专业知识和经验,容易陷入金融风险和资产配置不当等问题。因此,企业可以通过提供专业的退休规划咨询服务,帮助消费者制定科学合理的退休规划,包括资产配置、风险管理、税收规划等方面,以确保他们在退休后能够维持良好的生活水平并实现财务自由。这种咨询服务可以通过线上平台、金融机构、保险公司等渠道提供,以满足不同消费者的需求。

金融产品设计也是养老金融服务创新的重要环节之一。传统的金融产品往往缺乏针对老年人的特殊需求的考虑,例如风险偏好低、投资期限长等特点。因此,企业可以通过创新设计金融产品,满足老年人的特殊需求,并提供更稳健、更具吸引力的投资选择。例如,可以推出针对老年人的养老理财产品,提供相对稳定的投资回报和长期保本保障,以满足他们对稳健收益和资产保值的需求。

在进行养老金融服务创新的过程中,企业需要充分考虑老年人的实际需求和特点,注重产品的灵活性、透明度和可持续性,提高产品的服务水平和用户体验,加强与政府部门、金融机构等相关方的合作,共同推动养老金融服务的创新和发展。同时,企业还需要加强风险管理和合规监管,保障消费者的权益和金融市场的稳定,实现企业和社会的双赢。通过不断创新和改进,养老金融服务将为老年人提供更加全面、更加可靠的养老保障,促进社会的长期稳定和可持续发展。

第三节　企业面临的挑战

一、政策和法规限制

在当今全球化和快速发展的商业环境中,企业在参与消费养老市场时面临着诸多挑战,其中之一是政策和法规限制。这些限制不仅仅是一种约束,更是企业责任和社会影响力的一种体现。在这方面,企业需要认真理解和应对复杂的政策法规环境,以确保其参与养老市场的合法性和可持续性。

政策和法规对于消费养老行业起着重要的引导作用。随着人口老龄化加剧和养老需求的不断增长,各国政府都制定了一系列相关政策和法规,以保障老年人的权益,促进养老服务的发展。这些政策可能涉及养老金制度、医疗保健、居家养老服务、养老机构管理等多个方面,对企业参与养老市场提出了具体要求和标准。企业需要了解并遵守这些政策法规,以确保自身的经营活动符合法律规定,同时也能够获得政府的支持和认可。

政策和法规限制也对企业的市场准入和经营模式提出了挑战。在一些国家或地区,政府可能对养老服务行业进行严格的监管,设置了准入门槛和行业标准，对企业的资质、设施、服务质量等方面提出了严格要求。这对于新进入者来说可能是一种限制，需要他们耗费更多的时间和资源来符合政府的要求。同时，对于现有企业来说，政策的变化和调整也可能会影响到其经营模式和利润空间，需要他们及时调整策略以适应新的环境。

政策和法规的不确定性也给企业带来了一定的风险。在政策法规不断调整和变化的情况下，企业可能难以准确预测未来的发展趋势和市场需求，导致其投资决策和战略规划存在一定的不确定性。尤其是在涉及资金投入较大的养老服务项目时，政策风险可能会成为企业的一大隐患，影响其长期发展和盈利能力。

跨国企业在不同国家或地区经营时还需要应对不同的政策法规环境，这增加了其管理和运营的复杂性。由于各国的法律制度和文化习惯不同，企业需要花费更多的精力和资源来了解和适应当地的政策法规，以确保其在市场上的竞争优势和合规经营。

综上所述，政策和法规限制是企业参与消费养老市场时需要面对的重要挑战之一。企业需要认真理解并遵守相关规定，积极应对政策变化和不确定性，以确保自身在养老服务行业的合法性、可持续性和竞争优势。同时，政府部门也应加强对养老服务行业的监管和引导，为企业提供更加稳定和有利的发展环境。只有政府和企业共同努力，才能实现养老服务的良性发展，为老年人的幸福生活提供更好的保障。

二、市场竞争加剧

市场竞争是商业领域中永恒的话题，而在养老市场，这一竞争更是愈发激烈。随着人口老龄化趋势日益显著，养老产业成为各大企业竞相布局的焦点之一。然而，随之而来的是市场竞争的加剧，这给企业带来了巨大的挑战。

市场竞争加剧，导致企业需要更具竞争力的产品和服务。随着竞争对手的增加，消费者拥有更多选择，他们更加注重产品和服务的品质、价格以及附加值。因此，企业必须不断提升自身的产品质量、服务水平以及品牌形象，以在激烈的市场竞争中脱颖而出。

市场竞争加剧，带来了价格战的风险。为了抢占市场份额，一些企业可能会选择降低产品价格,以吸引消费者。这种价格战虽然可以在短期内取得一定效果,但却可能损害企业的长期利益。低价格竞争往往会导致利润率下降,影响企业的盈利能力,甚至可能造成行业内的恶性竞争局面。

市场竞争加剧也加大了企业的市场营销压力。在竞争激烈的市场环境中,企业需要更加精准地定位目标消费群体,制定差异化的营销策略,以确保自身产品能够被目标消费者所认知和接受。此外,企业还需要加大市场宣传和推广力度,提升品牌知名度,与竞争对手形成有力竞争。

市场竞争加剧也对企业的创新能力提出了更高要求。在竞争激烈的市场中,仅仅依靠传统的产品和服务往往难以获得持续竞争优势。因此,企业需要不断创新,推出具有差异化竞争优势的产品和服务,以满足消费者不断变化的需求,保持市场竞争力。

市场竞争加剧还对企业的管理能力提出了更高要求。在竞争激烈的市场中,企业需要高效管理资源,降低生产成本,提升运营效率,以应对竞争对手的挑战。同时,企业还需要不断优化组织结构,提升员工素质,建立灵活的决策机制,以快速响应市场变化,保持竞争优势。

综上所述,市场竞争加剧,给企业带来了诸多挑战,但同时也孕育着机遇。在激烈的市场竞争中,只有那些具备强大竞争力和持续创新能力的企业才能立于不败之地,实现长期稳健发展。因此,企业需要审时度势,灵活应对,不断提升自身的竞争力,把握市场机遇,迎接挑战,实现可持续发展。

三、技术创新的困难

随着全球人口老龄化趋势日益明显,养老服务行业面临着前所未有的挑战。其中,技术创新的困难是企业在参与养老服务时所面临的一个重要问题。在这个信息时代,技术的迅猛发展对各行各业都提出了新的要求,而养老服务行业也不例外。

技术创新的困难在于养老服务行业与传统行业相比具有一定的特殊性。老年人的特殊需求和生活习惯要求技术的应用必须更加谨慎和周到。养老服务的技术创新不仅仅需要考虑技术本身的先进性和可靠性,还必须兼顾到老年人的接受能力和使用习惯。因此,如何在保持技术创新的同时确保老年人能够轻松使用,成为一项具有挑战性的任务。例如,虚拟现实技术在养老服务中的应用可能会面临老年人接受程度不高的问题,因此需要结合老年人的实际需求和使用习惯进行相应的调整和改进。

养老服务行业的技术创新也受到资源限制和市场压力的影响。与其他行业相比,养老服务行业的盈利模式相对较为低效,因此企业在进行技术创新时往往面临着投入产出比较低的困境。尤其是针对老年人的技术产品和服务,市场规模相对较小,因此企业往往难以获得足够的收益以支持持续的技术创新。同时,由于养老服务行业的特殊性,企业往往需要面对更多的法律法规和伦理道德方面的考量,这也进一步增加了技术创新的难度和风险。

除了技术创新的困难之外,满足老年消费者的多样化需求也是养老服务企业面临的另一个挑战。随着老龄化程度的不断加深,老年人群体的需求也变得越来越多样化。传统的养老服务模式往往无法满足老年人个性化和多样化的需求,因此企业需要通过技术创新来提供更加个性化和定制化的服务。例如,一些老年人可能需要定制化的医疗服务,而另一些老年人则更加注重社交和娱乐活动。因此,企业需要结合老年人的实际需求和生活方式,开发出更加多样化和细分化的产品和服务,以满足老年消费者的不同需求。

总的来说,技术创新的困难和满足老年消费者的多样化需求,是养老服务企业在参与养老服务时所面临的两大挑战。为了应对这些挑战,企业需要不断加大对技术创新的投入,同时注重了解和满足老年消费者的多样化需求,以提升企业的竞争力和持续发展能力。只有通过持续不断的创新和优化,养老服务行业才能更好地适应老龄化社会的发展需求,为老年人提供更加优质和个性化的服务。

四、资金和资源配置

应对资金和资源配置方面的挑战是企业发展过程中的一项关键性任务。这项任务不仅涉及资金的筹集,还包括如何在竞争激烈的市场环境中有效地分配和管理资源,以实现企业的长期目标。

对于许多企业而言,初始投资是一个主要的障碍。新企业通常需要投入大量资金用于设备购置、研发、市场推广等方面。这种高额的初始投资可能需要多种来源，如自有资金、银行贷款、风险投资等。然而，许多新兴企业往往难以获得足够的资金支持，这可能会限制它们的发展和扩张。

即使企业成功获得了足够的资金，持续的运营成本也是一个挑战。运营成本涉及员工工资、原材料采购、设备维护等方面的支出。如果企业无法有效地管理这些成本，就可能导致资金短缺，甚至倒闭。此外，随着市场竞争的加剧，企业可能需要不断地投入资金用于研发创新、提升产品质量、拓展市场等方面，以保持竞争优势。

除了资金方面的挑战，资源配置也是企业发展过程中的一个重要问题。资源包括人力资源、物质资源、信息资源等，有效地配置这些资源对于企业的长期发展至关重要。然而，许多企业在资源配置方面面临着一系列挑战。

人力资源的配置是一个关键问题。企业需要拥有高素质的员工团队，以支持企业的发展战略。然而，竞争激烈的人才市场使得企业往往需要付出更多的努力来吸引和留住人才。此外，员工的培训和发展也需要投入大量资源，以提升其工作技能和专业素养。

物质资源的有效利用也是一个挑战。这包括原材料、设备、生产工具等方面的资源。企业需要确保这些资源的充分利用，以降低成本并提高生产效率。然而，物质资源的供应可能受到供应链问题、市场波动等因素的影响，从而影响企业的生产计划和产品质量。

信息资源的管理也是企业发展中的一个重要课题。随着信息技术的发展，企业拥有了更多的数据和信息资源，有效地管理和利用这些信息资源对于企业的决策和运营至关重要。然而，许多企业往往面临信息孤岛、数据安全等问题，这可能影响到信息资源的有效利用。

面对资金和资源配置方面的种种挑战，企业需要采取一系列策略来有效地应对。首先，企业需要建立健全的财务管理制度，以确保资金的有效使用和运营成本的控制；其次，企业需要优化资源配置，通过合理的人才培养和使用、供应链优化等措施，提高资源利用效率；最后，企业还需要加强信息技术建设，建立完善的信息管理系统，以支持决策和运营的需要。

总之，资金和资源配置是企业发展过程中的一项关键任务。面对各种挑战，企业需要采取有效的策略来应对，以保证其长期发展和竞争优势。只有通过合理的资金和资源配置,企业才能在激烈的市场竞争中立于不败之地。

五、消费者信任和接受度

在当今养老服务行业,企业面临着日益严峻的挑战,其中之一便是消费者,尤其是老年消费者信任和接受度的问题。老年消费者在养老服务和产品方面具有特殊的需求和考量,因此赢得他们的信任并提高他们对新养老服务和产品的接受度,已成为企业必须重视和解决的难题。

老年消费者对于养老服务和产品的信任是基于多方面因素的。他们往往更注重服务的品质、可靠性以及提供方的信誉度。在这个领域,企业需要通过建立良好的品牌声誉、提供优质的服务以及建立长期可靠的合作关系来赢得老年消费者的信任。例如,提供长期稳定的服务、建立完善的售后服务体系以及加强对服务质量的监督和管理,都是提升老年消费者信任度的关键举措。

老年消费者往往对新养老服务和产品持有保守态度,对于技术创新和新型服务的接受度相对较低。这是因为老年人可能对新技术不够了解,或者对其可靠性和实用性存在疑虑。因此,企业需要通过针对老年人的教育和培训计划,帮助他们了解和熟悉新养老服务和产品的优势和使用方法,从而提高他们的接受度。此外,还可以通过与老年消费者进行沟通和互动,了解他们的需求和反馈,及时调整和改进产品和服务,增强老年消费者的参与感和认同感。

老年消费者在购买养老服务和产品时往往更注重品质和价格的平衡。他们可能会担心价格过高而影响到自己的生活质量,或者担心价格过低而影响到服务的品质。因此,企业需要通过合理定价和差异化服务,找到满足老年消费者需求的最佳平衡点。同时,还需要提供灵活的付款方式和优惠政策,吸引老年消费者选择适合自己的产品和服务。

老年消费者往往更看重口碑和推荐。他们更倾向于选择被他人认可和推荐的服务和产品,而不是盲目尝试新的东西。因此,企业需要通过积极的市场推广和口碑营销,提升自身的知名度和美誉度,吸引更多老年消费者的关注和信赖。例如,可以与老年社区、养老机构等合作,开展宣传推广活动,或者通过社交媒体和口碑传播平台积极参与交流和互动,树立良好的企业形象和品牌声誉。

总的来说,建立老年消费者的信任并提高他们对新养老服务和产品的接受度,是养老服务企业必须面对和克服的重要挑战之一。通过建立良好的品牌声誉、提供优质的服务、加强老年消费者的教育和培训、合理定价和差异化服务以及积极的市场推广和口碑营销等手段,企业可以逐步赢得老年消费者的信任和支持,推动养老服务行业的健康发展。

第四节 企业成功策略分析

一、市场细分和定位

市场细分和定位在企业成功策略中发挥着重要的作用。特别是在老年群体的市场,正确的细分和定位能够帮助企业更好地满足老年群体的需求,从而取得成功。

市场细分是将整个市场分割成具有相似特征和需求的小群体。在老年群体市场中,年龄、健康状况、经济状况、兴趣爱好等因素都可能影响他们的消费行为和需求。通过细分市场,企业可以更好地了解不同群体的需求,针对性地开发产品和服务,提高市场响应能力,降低营销成本,增强竞争优势。

定位是指企业在市场上找到自己的位置,并塑造出与竞争对手不同的独特形象。在老年群体市场中,定位至关重要,因为老年人通常具有特定的价值观、生活方式和消费习惯。通过正确的定位,企业可以建立起老年群体心目中的品牌形象,吸引更多的目标客户,并建立起长期稳定的客户关系。

针对老年群体市场的细分和定位,企业可以采取一些策略和方法来实现。

深入了解目标客户。企业需要投入足够的时间和资源来了解老年群体的需求、偏好和行为习惯,可以通过市场调研、数据分析、消费者访谈等方式来获取必要的信息。

根据市场细分结果开发产品和服务。针对不同的老年群体,企业可以开发出不同款式、不同功能的产品,满足其个性化的需求。比如,针对健康意识较强的老年人,可以推出健康食品和保健产品;针对生活方式较为活跃的老年人,可以推出户外运动设备和旅游服务等。

建立与目标客户紧密相关的品牌形象。品牌形象不仅包括产品的外观和质量,还包括企业的文化、理念和社会责任等方面。通过与老年群体价值观和生活方式相契合的品牌形象,企业可以增强老年人的认同感和忠诚度。

持续优化和调整市场细分和定位策略。市场环境和消费者需求都在不断变化,企业需要及时调整自己的市场细分和定位策略,以适应市场的变化。可以通过定期的市场调研和竞争分析来了解市场动态,及时做出反应。

综上所述,市场细分和定位对于企业在老年群体市场的成功至关重要。通过准确的市场细分和定位,企业可以更好地满足老年群体的需求,建立起与客户紧密相关的品牌形象,取得持续的竞争优势。因此,企业应该重视市场细分和定位工作,并不断优化和调整自己的策略,以适应市场的变化,实现长期的可持续发展。

二、品牌建设和宣传

在当今充满竞争的商业环境中,成功的企业必须善于利用品牌建设和积极宣传来提高其在消费养老市场中的知名度和影响力。品牌建设和宣传不仅仅是一种营销手段,更是企业长期发展的重要战略之一。通过有效的品牌建设和积极的宣传活动,企业可以树立良好的企业形象,赢得消费者的信任和忠诚度,从而实现持续的增长和成功。

品牌建设是企业成功的基石之一。一个强大的品牌不仅仅是一个标识,更是企业的核心价值和文化的象征。在消费养老市场,消费者往往更倾向于选择那些具有良好声誉和信誉的品牌。因此,通过建立良好的品牌形象,企业可以在竞争激烈的市场中脱颖而出。品牌建设需要从内部文化到外部形象的全方位考虑。企业需要确立清晰的核心价值观,并将其贯穿于企业的所有活动中。此外,企业还需要不断提升产品和服务的质量,以满足消费者不断增长的需求和期望。通过持续不断的投入和努力,企业可以逐步建立起强大的品牌资产,为未来的发展奠定坚实的基础。

积极的宣传活动是提升品牌知名度和影响力的重要途径之一。在当今数字化时代，企业可以利用各种渠道和平台来进行宣传，包括社交媒体、电视广告、线下活动等。通过巧妙地运用这些宣传手段，企业可以将自己的品牌故事传播给更广泛的受众，吸引更多的潜在客户。在消费养老市场，企业可以通过发布专业的养老知识和信息来建立专业形象，增强消费者对其品牌的信任感。同时，企业还可以通过与行业内的权威机构和专家合作，提升自身在行业中的声誉和地位。通过持续的宣传活动，企业可以不断扩大自己的影响力，成为行业的领军者。

企业还应该注重品牌与消费者之间的互动和沟通。在消费养老市场，消费者往往更加关注企业对他们的关怀和支持。因此，企业应该积极与消费者进行互动，倾听他们的需求和意见，及时做出反馈和调整。通过建立有效的反馈机制，企业可以更好地了解消费者的需求，并根据市场变化及时调整自己的策略。同时，企业还应该利用社交媒体等平台与消费者进行直接沟通，传递企业的理念和文化，增强消费者对品牌的认同感和忠诚度。通过与消费者的互动和沟通，企业可以建立起良好的客户关系，为长期发展打下坚实的基础。

综上所述，品牌建设和宣传是企业在消费养老市场中取得成功的关键之一。通过建立强大的品牌形象，企业可以赢得消费者的信任和忠诚度，从而实现持续的增长和成功。因此，企业应该注重品牌建设和宣传，不断提升自身的竞争力和影响力，为未来的发展奠定坚实的基础。

三、服务和产品创新

在当今竞争激烈的商业环境中，企业成功的关键之一是不断创新服务和产品，以满足不断变化的市场需求。特别是在老年人群体这一特定市场领域，随着人口老龄化趋势的加剧，老年人的需求也在不断演变。因此，针对老年人的服务和产品创新至关重要，这不仅可以帮助企业保持竞争力，还可以为老年人提供更好的生活质量和体验。

了解老年人的需求和偏好是创新的基础。老年人的需求可能随着年龄、健康状况、经济状况等因素而有所不同。因此，企业需要通过市场调研、用户反馈等方式深入了解老年人的生活方式、兴趣爱好、健康需求等方面的信息，为他们量身定制服务和产品。

注重服务的人性化和个性化是创新的重要方向。老年人往往更加注重服务的质量和个性化程度,因此,企业可以通过提供贴心的服务,如上门服务、定制化服务、专属顾问等,来满足老年人的需求。例如,一些健康管理平台可以根据老年人的健康状况和需求提供个性化的健康管理方案,帮助他们更好地管理健康。

同时,产品创新也是关键。老年人可能面临着诸如健康问题、生活便利性等方面的挑战,因此,针对这些问题进行产品创新是非常有必要的。比如,开发智能健康监测设备、便捷的生活辅助设备等,可以帮助老年人更好地监测健康状况,提高生活质量。此外,还可以开发一些老年人友好型的智能科技产品,如智能家居系统、智能穿戴设备等,以提升老年人的生活便利性和舒适度。

注重服务和产品的可持续性和长期性也是创新的重要考量。老年人市场是一个潜力巨大的市场,因此,企业需要考虑服务和产品的长期发展和持续性。这不仅包括产品的质量和性能,还包括服务的稳定性和可靠性。企业可以通过建立长期合作关系、提供持续的售后服务等方式来确保服务和产品的可持续性,从而赢得老年人群体的信任和忠诚度。

综上所述,服务和产品创新是企业保持竞争力的关键,尤其是在老年人市场这一特定领域。通过深入了解老年人的需求和偏好,注重服务的人性化和个性化,开发符合老年人需求的创新产品,并注重可持续性和长期性,企业可以更好地满足老年人群体的需求,提升市场竞争力,实现长期发展。

四、合作与联盟

合作与联盟在企业成功策略中扮演着重要的角色。通过与其他企业、政府或社会组织建立合作与联盟,企业可以共享资源,降低风险,提高竞争力,实现共赢。在全球化和竞争日益激烈的商业环境下,合作与联盟成为企业发展的关键战略之一。

合作与联盟能够带来多方面的好处。首先,在资源有限的情况下,企业通过与其他企业或组织合作,可以共同利用彼此的资源,包括资金、人才、技术和市场渠道等,从而提高资源利用效率,降低成本;其次,在不确定的市场环境下,一家企业单打独斗往往风险较大,而通过与其他实体合作,可以分担风险,共同应对市场变化和挑战;最后,合作还可以拓展企业的市场份额和影响力,加强市场竞争力,实现互利共赢。

然而,合作与联盟也面临着一些挑战。首先,合作关系的建立需要时间和精力,需要协商、沟通和协调各方利益,存在着谈判成本和合作成本;其次,合作关系可能存在利益冲突和信任问题,合作伙伴之间的利益可能不完全一致,存在着合作关系的不稳定性;最后,合作可能会带来信息不对称和风险共担的问题,需要合作双方建立有效的监督机制和风险管理机制。

要实现成功的合作与联盟,关键在于建立良好的合作关系。首先,双方需要明确合作的目标和利益,确保合作关系的共赢性;其次,双方需要建立良好的沟通机制和协作机制,加强信息共享和协同合作,提高合作效率;再次,双方需要建立信任和互惠的合作文化,处理好利益分配和风险共担的问题,增强合作关系的稳定性和持续性;最后,双方还需要建立有效的监督机制和风险管理机制,及时发现和解决合作中出现的问题,确保合作关系的顺利进行。

总之,合作与联盟在企业成功策略中具有重要意义。通过与其他企业、政府或社会组织建立合作与联盟,企业可以共享资源,降低风险,提高竞争力,实现共赢。然而,合作与联盟也面临着一些挑战,要实现成功的合作与联盟,关键在于建立良好的合作关系,确保合作关系的共赢性、稳定性和持续性。

五、持续学习和适应

在当今飞速发展的商业环境中,企业成功策略的核心之一是持续学习和适应。这一战略的重要性在于,市场和技术环境的不断变化迫使企业不断调整和改进他们的产品和服务,以满足客户需求并保持竞争力。

持续学习意味着企业必须保持对市场趋势和技术创新的敏感性。这包括定期进行市场调研和竞争分析,以了解消费者需求的变化趋势以及竞争对手的动态。同时,企业需要密切关注新兴技术的发展,并评估其如何影响他们的业务模式和产品。

持续学习还意味着企业必须建立一种学习型组织文化。这种文化鼓励员工不断学习、创新和改进，使他们能够适应变化并为企业提供新的想法和解决方案。企业可以通过提供培训和发展机会、建立知识共享平台以及奖励创新和学习的行为来促进这种文化的发展。

持续学习需要企业建立灵活的组织结构和流程。传统的刚性层级结构和冗长的决策流程，往往会阻碍企业对变化的快速响应。因此，许多企业正在转向更加平面化和灵活的组织结构，以便更快地做出决策并实施变革。

持续学习也意味着企业必须积极寻求反馈并从中学习。通过分析来自客户、员工和其他利益相关者的反馈数据，企业可以识别出存在的问题和改进的机会，并及时调整策略和行动计划。

持续学习还要求企业不断创新和推出新的产品和服务。创新是保持竞争力的关键，因为它使企业能够满足不断变化的市场需求并将其与竞争对手区别开来。企业可以通过投资研发、外部合作以及收购新技术公司来推动创新。

持续学习需要企业领导者具备开放的思维和适应能力。领导者需要愿意接受新的想法和观点，并能够灵活地调整战略和决策以适应变化的环境。此外，领导者还需要成为榜样，不断提升自己的知识和技能，并鼓励员工做同样的事情。

综上所述，持续学习和适应是企业成功的关键因素之一。通过不断学习、创新和改进，企业可以更好地应对市场和技术环境的变化，保持竞争力并实现持续增长。因此，企业领导者和管理者应该将持续学习作为战略规划和组织发展的核心，为企业的长期成功奠定基础。

第四章 消费养老市场分析

在第四章中,我们将深入探讨消费养老市场的多个维度,旨在为读者提供一个全面的市场分析视角。首先,通过市场需求分析,我们揭示了当前养老市场的需求特点及其背后的社会经济因素,为理解市场提供了基础。随后,我们探讨了产品与服务供给的现状,包括市场上存在的主要产品和服务类型,以及它们如何满足不同消费者的需求。在市场竞争格局部分,分析了行业内的竞争状况、主要竞争者以及他们的策略,这对于识别市场机会和挑战至关重要。最后,消费者行为研究部分深入探讨了消费者选择和偏好背后的动机,旨在为企业提供策略建议,帮助他们更好地定位产品和服务,满足日益增长的养老需求。整体而言,本章不仅分析了消费养老市场的当前状态,还对未来的发展趋势提出了预测,旨在为养老产业的持续发展提供参考和启示。

第一节 市场需求分析

一、人口老龄化趋势

人口老龄化是指一个国家或地区的人口结构中老年人口比例增加的现象。这一趋势在全球范围内普遍存在,并且随着医疗技术的不断进步和生活水平的提高,人口老龄化趋势正在逐渐加剧。全球范围内的人口老龄化趋势是一个长期的、全面的发展趋势,影响着经济、社会、文化等多个方面,对养老市场需求产生着深远的影响。

随着人口老龄化趋势的加剧,养老服务市场需求将不断增长。老年人口增多,意味着对医疗、护理、康复等方面的需求会大幅增加。传统的养老模式已经不能满足日益增长的老年人口对服务的需求,因此需要发展更加多样化、个性化的养老服务模式,包括社区养老、居家养老、机构养老等多种形式,以满足老年人不同层次的养老需求。

人口老龄化趋势也将推动养老服务市场的结构调整和创新。随着老年人口增加,对养老服务的品质和效率提出了更高的要求,这将促使养老服务提供者不断改进服务质量,引入先进的管理技术和科学的养老模式,提升服务水平和竞争力。同时,人口老龄化趋势也将催生新的养老服务业态和业务模式,如老年健康管理、养老社区建设、老年文化娱乐等,为养老服务市场带来更多的创新机遇。

人口老龄化趋势对养老市场需求的影响还表现在消费结构和消费行为的变化。随着人口老龄化,老年人口的消费能力和消费需求也在不断增强,他们更加注重养生保健、休闲娱乐、文化旅游等方面的消费,这将促使养老服务市场向更加多元化、高品质化的方向发展,满足老年人不同层次的消费需求。

人口老龄化趋势对养老服务市场的影响还体现在政策环境和产业发展方面。政府将加大对养老服务业的支持力度,出台相关政策和措施,鼓励和引导社会资本参与养老服务业的投资和发展,推动养老服务市场健康有序发展。同时,养老服务产业也将成为未来经济增长的重要引擎之一,吸引更多的资金、技术和人才投入到养老服务领域,推动养老服务业的快速发展。

综上所述,人口老龄化趋势将深刻影响养老服务市场的需求结构、服务模式、消费行为和产业发展等方面,对养老服务市场产生着广泛而深远的影响。因此,充分认识和理解人口老龄化趋势对养老服务市场的影响,积极应对人口老龄化带来的挑战,加快推动养老服务产业的转型升级和健康发展,将有助于更好地满足老年人的养老需求,促进社会和经济的可持续发展。

二、养老需求多样化

市场需求分析是商业决策中重要的一环,而在养老服务领域,需求的多样化尤为突出。随着人口老龄化趋势的不断加剧，老年人群体的需求也日益多样化，这包括不同年龄层、收入水平和健康状况的老年人对养老服务和产品的不同需求。

老年人群体可以分为老年初期、中期和晚期三个阶段，对养老服务和产品的需求也随之而异。在老年初期，许多老年人仍然保持着一定的生活能力和活跃性，他们可能更倾向于寻找一些社交活动、兴趣爱好类的养老服务，如健身活动、社交聚会等，同时也会对健康管理、医疗保健等方面有一定需求。而在老年中期，随着年龄的增长和健康状况的变化，老年人对医疗护理、日常生活照料等服务的需求会增加，同时对安全性和便利性的要求也会提高。在晚期，一些老年人可能会面临更多的健康问题和生活困难，他们对专业的医护服务、长期护理、康复疗养等方面的需求将更为迫切。

老年人的收入水平也会对其养老需求产生影响。一些收入较高的老年人可能更愿意选择高档的养老机构或个性化的定制服务，如私人医护、家庭厨师、私人健身教练等，以确保他们的生活品质和舒适度。而收入较低的老年人则可能更关注养老服务的价格和性价比，更倾向于选择经济实惠的养老社区或公共养老服务设施，如养老院、社区医疗中心等。因此，养老服务提供方需要根据不同老年人群体的收入水平，提供不同档次和价格的服务产品，以满足不同老年人的需求。

老年人的健康状况也是影响其养老需求的重要因素之一。健康状况较好的老年人可能更注重保健养生、社交活动和精神愉悦，他们可能会选择一些健康管理和康体娱乐类的养老服务产品，如养生会所、旅游度假等。而健康状况较差的老年人则更需要专业的医疗护理和日常生活照料，他们可能会选择护理院、康复中心等提供全方位护理服务的机构。同时，一些患有特定疾病或慢性病的老年人可能会对相关的医疗服务和康复治疗有更高的需求。

综上所述，老年人群体的养老需求是多样化的，涉及不同年龄层、收入水平和健康状况的差异。因此，养老服务提供方需要深入了解老年人群体的需求特点，灵活运用市场调研和定位策略，开发出更加符合市场需求的养老产品和服务，以满足老年人群体多样化的养老需求。

三、技术进步与养老需求

随着全球人口老龄化的加剧和科技的不断进步,养老需求已经成为一个备受关注的话题。技术创新在医疗保健和日常生活辅助方面扮演着重要角色,塑造着养老市场的需求。

医疗保健技术的进步对养老需求产生了深远影响。随着医疗技术的不断发展,许多原本被认为无法治愈或者控制的疾病得到了有效的治疗。这意味着老年人群体中许多慢性疾病的管理和控制变得更加可行,使他们能够延长健康的寿命。例如,心血管疾病、糖尿病等疾病的诊断和治疗技术的改进,使得老年人能够更好地管理这些慢性病,并且在疾病的影响下仍保持较高的生活质量。

日常生活辅助技术的进步也为老年人提供了更多的选择和便利。智能化、数字化产品和服务的出现,为老年人的日常生活提供了更多的支持和便利。例如,智能家居系统可以帮助老年人监测他们的健康状况、提供紧急援助、管理家庭日常事务等。此外,移动应用程序和在线平台为老年人提供了便捷的购物、社交、娱乐等服务,使他们能够更好地融入社会和享受生活。

除此之外,技术创新还在改变着养老服务的提供方式和模式。传统的养老院模式正在被更加个性化、智能化的养老服务所取代。虚拟医疗服务、远程监护技术、智能健康管理平台等新型服务模式的出现,使得老年人能够更加灵活地选择适合自己需要的养老服务,并且在家庭或社区的环境中享受到更为个性化和专业化的照护。

然而,虽然技术创新为养老市场带来了诸多机遇,但也让养老市场面临着一些挑战。首先是技术普及的问题。由于老年人群体中存在数字鸿沟,部分老年人可能无法充分利用新技术带来的便利。因此,政府和企业需要采取措施,推动老年人科技素养的提升,确保他们能够充分享受到技术创新带来的好处。其次是隐私和安全问题。智能化产品和服务的普及可能会带来个人信息泄露等数据安全问题,因此需要加强对技术安全和隐私保护的监督和管理。

综上所述,技术创新在医疗保健和日常生活辅助方面的进步,正在深刻地塑造着养老市场的需求。政府、企业和社会应该共同努力,推动科技与养老服务的融合,以满足老年人群体日益增长的多样化需求,实现老有所养、老有所乐的愿景。

四、政策环境对市场需求的影响

不同国家和地区政府实施的不同政策和措施,对养老服务市场的规模、结构和发展方向都产生着重要影响。

政府支持政策对养老服务市场需求的影响显而易见。在许多国家,政府通过税收优惠、财政补贴、公共基础设施建设等方式支持养老服务行业的发展。例如,一些国家实施了养老金制度,政府每月向符合条件的老年人发放一定数额的养老金,这为老年人提供了经济保障,也刺激了养老服务市场的需求。此外,政府还可以通过提供土地、资金和政策支持来鼓励私人企业投资兴建养老院、康复中心等养老服务设施,从而满足老年人多样化的需求。

补贴政策也对养老服务市场需求产生着重要影响。政府可以通过直接向老年人提供养老补贴、购买服务券等方式,降低老年人使用养老服务的成本,增加他们的购买能力,从而扩大养老服务市场的规模。此外,政府还可以向养老服务提供者提供补贴,降低其成本,促进其提供更优质、更多样化的养老服务,满足老年人不断增长的需求。

不同国家和地区的政策环境对养老服务市场需求的影响存在着差异。在一些发达国家,由于老龄化程度较高,政府对养老服务的支持力度较大,政策环境相对较好。例如,北欧国家的政府通过提供免费医疗、长期护理保险等福利,大大降低了老年人的生活成本,也刺激了养老服务市场的需求。而在一些发展中国家,由于经济发展水平较低,政府在养老服务方面的支持力度相对较弱,政策环境较为欠缺,导致养老服务市场的规模和质量相对较低,满足老年人需求的能力较为有限。

总的来说,政府支持和补贴政策对养老服务市场的需求具有重要影响。政府的政策措施直接影响着老年人的购买能力和养老服务的供给水平,进而影响着养老服务市场的规模和结构。因此,政府应该制定更加全面、有力的政策措施,加大对养老服务行业的支持力度,促进养老服务市场的健康发展,满足老年人多样化的需求。

五、消费者意识变化

随着社会老龄化趋势的加剧,老年人及其家庭对养老服务和产品的认识发生了显著的变化,进而对市场需求产生了影响。消费者意识的变化在很大程度上反映了社会价值观念的演变、科技进步带来的影响以及经济条件的变化。在评估这种变化的同时,我们需要考虑老年人群体的个体差异,因为每个老年人及其家庭在对养老服务和产品的需求、认知和偏好上都可能存在差异。

老年人及其家庭对养老服务和产品的认识已经从单一的医疗护理转变为更加全面和多元化的需求。过去,老年人更多地关注医疗保健服务;而现在,他们更加注重生活质量、社交活动和心理健康。因此,市场上涌现了各种形式的养老服务,包括社区活动中心、康复护理机构、老年人社交俱乐部等,以满足老年人不同层面的需求。家庭也更加重视为老年人提供社交支持和心理关怀,因此,相关的产品和服务也在不断创新和发展。

科技的进步对老年人及其家庭的认识和需求产生了影响。随着智能科技的普及,老年人对于智能养老产品的认知和接受程度逐渐提高。智能健康监测设备、智能家居系统、远程医疗服务等高科技产品的出现,使老年人能够更好地管理自己的健康状况,延长居家生活的时间,减轻家庭成员的负担。因此,市场上对于智能养老产品的需求也在逐渐增加,这一趋势将随着科技的不断创新而持续发展。

经济条件的变化也影响着老年人及其家庭对养老服务和产品的需求。随着经济水平的提高,老年人有更多的经济实力来购买高质量的养老服务和产品。他们更加注重品质和个性化,愿意为更好的生活享受支付更高的价格。因此,市场上高端养老服务和定制化产品的需求也在不断增加。为满足这一需求,企业需要不断提升产品品质和服务水平,增强竞争力。

综上所述,老年人及其家庭对养老服务和产品的认识变化对市场需求产生了多方面的影响。随着消费者意识的不断演变,市场也将面临更多的机遇和挑战。因此,企业需要密切关注消费者的需求变化,不断创新并优化产品和服务,以适应市场的变化,取得更大的竞争优势。

第二节　产品与服务供给

一、养老服务机构的类型

随着人口老龄化趋势的加剧,人们对养老服务的需求也日益增长,养老服务机构在现代社会扮演着越来越重要的角色。养老服务机构的类型多种多样,主要包括养老院、社区养老服务中心、居家养老服务机构等。

养老院是最为常见的养老服务机构之一。养老院通常是专门为老年人提供住宿、饮食、医疗护理等服务的机构。它们可以是公办的、私营的或非营利性的,有些养老院提供长期护理,有些则提供短期照料,以满足不同老年人的需求。养老院通常会提供社交活动、文化娱乐等服务,旨在帮助老年人保持身心健康,缓解孤独和抑郁情绪。

社区养老服务中心是为了方便老年人在家附近获取养老服务而设立的机构。这些服务中心通常由政府或非营利组织管理,提供包括健康咨询、日间照料、文体活动等多种服务。社区养老服务中心的目的是为了促进老年人的社交互动,提高他们的生活质量,延缓老年人的认知功能衰退。

另外,居家养老服务机构是为那些希望在家中继续居住但需要一定帮助的老年人提供服务的机构。这些服务机构通常提供上门护理、家政服务、购物代劳、饮食配送等服务,以满足老年人在家中的各种需求。居家养老服务机构的特点是灵活性强,能够根据老年人的具体情况提供个性化的服务,帮助他们保持独立生活的能力。

除了以上列举的养老服务机构类型外,还有一些其他形式的养老服务机构,如老年公寓、老年社区等。这些机构各具特点,服务范围也有所不同,但都致力于为老年人提供安全、舒适、贴心的养老服务,帮助他们享受晚年生活。

总的来说,养老服务机构的类型多样,服务范围广泛,旨在满足不同老年人的需求。无论是选择居家养老服务还是入住养老院,老年人都能够得到周到的照顾和关爱,享受晚年生活的幸福与快乐。

二、家庭与社区养老服务

家庭与社区养老服务的重要性日益凸显,随着人口老龄化趋势的不断加剧,社会对于提供有效的养老服务的需求也越来越迫切。在家庭和社区层面提供养老服务,不仅可以有效缓解养老资源的紧张状况,还可以更好地满足老年人的个性化需求,提高他们的生活质量。

随着人口老龄化程度的不断提高,养老需求不断增加,传统的养老模式已经无法满足日益增长的需求。而家庭与社区养老服务作为一种基于家庭和社区的养老模式,具有灵活性高、服务内容多样化等优势,能够更好地满足老年人的个性化需求,提高其生活质量。

在家庭和社区层面提供的养老服务主要包括日常生活辅助和医疗护理两个方面。日常生活辅助包括但不限于家务劳动、饮食照料、个人卫生等方面的帮助,旨在帮助老年人解决日常生活中的实际困难,保障他们的基本生活需求。而医疗护理则包括但不限于定期体检、药物管理、疾病护理等方面的服务,旨在保障老年人的身体健康,及时发现并处理潜在的健康问题。

家庭与社区养老服务的发展前景也十分广阔。首先,随着社会老龄化程度的不断提高,养老服务市场潜力巨大,为相关企业提供了广阔的发展空间;其次,政府对于养老服务的政策支持力度不断增加,为养老服务行业的健康发展提供了有力保障;最后,随着科技的不断发展,智能化养老服务逐渐走进人们的生活,为老年人提供更加便捷、高效的养老服务。

因此,为了更好地发挥家庭与社区养老服务的作用,提高其服务质量和供给水平,我们需要从多个方面入手。首先,加大政府对养老服务的投入力度,提高服务供给的整体水平;其次,加强对养老服务从业人员的培训与管理,提高其专业水平和服务质量;再次,积极推动养老服务的智能化和信息化发展,提高服务效率和便捷性;最后,加强社会对养老服务的宣传和推广,提高老年人对养老服务的认知和接受度。

综上所述,家庭与社区养老服务作为一种灵活、个性化的养老模式,具有重要的意义和广阔的发展前景。在政府、企业和社会各界的共同努力下,相信家庭与社区养老服务一定能够发挥更大的作用,为老年人的幸福生活保驾护航。

三、数字化养老解决方案

数字化养老解决方案的兴起标志着科技与养老行业的深度融合,为老年人的生活提供了更多便利和安全保障。通过数字技术的应用,特别是移动应用和智能家居设备的整合,老年人的生活质量得到了显著提升。

移动应用为老年人提供了便捷的生活服务。随着智能手机的普及,老年人也可以通过移动应用轻松地获取健康资讯、社交互动和购物服务。例如,健康管理类应用可以帮助老年人记录体征数据、提醒用药时间,并提供健康咨询服务,让老年人更好地掌握自己的健康状况。同时,社交类应用则能够连接老年人与家人、朋友,缓解他们的孤独感,提升生活的幸福感。

智能家居设备为老年人提供了更安全的生活环境。智能家居设备通过联网和传感技术,可以实时监测老年人的居家环境和活动情况。比如,智能摄像头可以监控老年人的活动轨迹,一旦发现异常情况,如跌倒或长时间无活动,系统会自动发送警报信息给家人或护理人员,及时采取救助措施。智能照明、门窗传感器等设备也能够提高老年人的生活安全性,自动化的控制系统可以根据老年人的行为习惯和健康状况,调整家居环境,减少意外事件的发生。

除此之外,数字化养老解决方案还促进了老年人的健康管理和医疗服务。基于大数据和人工智能技术,一些医疗健康应用可以为老年人提供个性化的健康管理方案,包括营养指导、康复训练等。医疗机构也可以通过远程医疗服务,为老年人提供及时的医疗咨询和诊疗服务,避免他们频繁出门就医的不便。

数字化养老解决方案还为老年人提供了丰富的文化娱乐和智力训练。老年人可以通过智能电视、音乐播放器、游戏应用等渠道,享受音乐、影视、游戏等多种娱乐活动,丰富退休生活。同时,一些智能化的智力训练应用也能够帮助老年人保持大脑活跃,延缓认知功能下降的速度。

综上所述,数字化养老解决方案通过移动应用和智能家居设备的应用,为老年人提供了便利和安全的养老服务。这不仅提升了老年人的生活质量,还减轻了家庭和社会的养老压力,是科技与人文关怀相结合的典范。未来,随着技术的不断进步和普及,数字化养老解决方案将更加完善,为老年人创造更加美好的晚年生活。

四、养老产品创新

养老产品的创新在当今社会日益受到关注,随着人口老龄化趋势的不断加剧,养老服务需求不断增长,促使创新技术和产品的涌现,以满足老年人日益多样化的需求。健康监测设备和辅助机器人等新兴养老产品成为市场上的热点,它们不仅仅是简单的科技应用,更为老年人提供了更好的生活品质和安全保障。

健康监测设备在养老产品创新中占据着重要地位。随着医疗技术的不断进步,各种智能化的健康监测设备如智能手环、智能血压计、智能血糖仪等层出不穷,为老年人提供了更便捷、准确的健康监测手段。这些设备可以实时监测老年人的健康数据,并通过手机应用或者云平台进行数据分析和报告,及时发现健康异常并提供相应的预警和建议。例如,智能手环可以监测老年人的运动情况和睡眠质量,智能血压计可以监测血压波动,智能血糖仪可以监测血糖水平等,这些数据的及时监测和分析对于老年人的健康管理具有重要意义,有助于他们更好地掌握自身健康状况,及时调整生活方式和就医方式。

辅助机器人的发展也为养老服务带来了新的可能性。辅助机器人作为一种智能化的机器人产品,可以通过人工智能、语音识别、视觉识别等技术与老年人进行交互,提供各种形式的帮助和服务。例如,智能陪护机器人可以陪伴老年人进行日常活动,如交谈、娱乐、日常清洁等;智能导航机器人可以帮助老年人进行室内导航和生活指导;智能医疗机器人可以协助医护人员进行护理工作等。这些辅助机器人的出现不仅减轻了老年人家庭和社会的养老压力,提高了养老服务的质量和效率,同时也为老年人提供了更丰富、更有趣的生活体验。

养老产品创新的关键在于如何结合科技和老年人的实际需求,打造出更加智能化、个性化的产品和服务。首先,充分了解老年人的生活习惯、健康状况、社会关系等特点,精准把握他们的需求和诉求,以此为基础进行产品设计和功能开发;其次,注重产品的易用性和可操作性,尽量简化操作流程,提高产品的用户友好性,确保老年人可以轻松上手并熟练使用;再次,注重产品的安全性和可靠性,采用高品质的材料和技术,严格把关产品的质量和安全标准,保障老年人在使用过程中的安全;最后,注重产品的服务和售后支持,建立完善的售后服务体系,为老年人提供及时的技术支持和问题解决服务,确保产品的运行稳定性和用户满意度。

综上所述,健康监测设备和辅助机器人等新兴养老产品的创新为老年人的生活提供了更多的选择和可能性,提高了他们的生活品质和安全保障。随着科技的不断进步和养老服务需求的不断增长,相信养老产品创新将会在未来发展中扮演着越来越重要的角色,为老年人的幸福生活和社会和谐做出更大的贡献。

五、跨界合作模式

跨界合作模式在当今商业世界中变得越发普遍,尤其是在推动创新和提供服务方面。其中,医疗保健与科技之间的合作尤为突出,因为这两个领域的交叉点众多,可以为养老服务和产品的创新与供给带来重要的推动力。

医疗保健与科技的跨界合作,一方面可以加速医疗技术的发展与应用,另一方面也可以改善养老服务和产品的质量和效率。具体来说,医疗保健与科技的合作可以从以下几个方面推动养老服务和产品的创新与供给。

通过数字化和智能化技术的应用,提升养老服务的质量和效率。随着人口老龄化趋势的加剧,传统的养老服务模式面临着越来越大的挑战,如人力资源匮乏、服务质量参差不齐等。而医疗保健与科技的跨界合作可以将先进的数字化和智能化技术引入养老服务领域,例如人工智能、物联网、大数据分析等,从而实现对老年人生活和健康状态的实时监测与管理,提供个性化、精准化的养老服务。

通过医疗健康数据的共享与整合,为养老服务和产品的个性化定制提供数据支持。医疗保健和科技领域拥有丰富的健康数据资源,包括患者的病历记录、健康监测数据等。通过与养老服务机构和产品供应商的合作,可以实现医疗健康数据的共享与整合,为老年人提供个性化的养老服务和产品。例如,基于老年人的健康数据和生活习惯,定制个性化的饮食、运动和健康管理方案,提高养老服务的针对性和效果。

通过跨界合作,将医疗保健和科技领域的创新成果应用到养老产品的设计与研发中。医疗保健和科技领域不断涌现出各种创新技术和产品,如智能医疗设备、远程医疗服务等。将这些创新成果与养老产品相结合,可以为老年人提供更加便捷、舒适和安全的生活体验。例如,开发智能穿戴设备和居家监测系统,监测老年人的生活行为和健康状态,及时发现异常情况并提供帮助;设计智能家居产品,如智能床垫、智能厨具等,提高老年人的生活质量和自主性。

通过产学研合作,促进医疗保健和科技创新成果的转化与应用。产学研合作是推动科技创新的重要途径,通过学术界、产业界和科研机构的合作,可以促进医疗保健和科技领域的创新成果向养老服务和产品的转化与应用。例如,建立产学研联合实验室,开展相关技术研发与应用探索;组织产学研合作项目,支持创新型企业和科研团队开展养老服务和产品的研发工作;搭建产业创新平台,促进养老服务和产品的市场化推广与应用。

综上所述,医疗保健与科技的跨界合作可以为养老服务和产品的创新与供给带来重要的推动力,通过数字化和智能化技术的应用、医疗健康数据的共享与整合、创新成果的应用以及产学研合作等方式,不断提升养老服务和产品的质量、效率和个性化水平,满足老年人日益增长的养老需求,促进老龄化社会的健康、幸福和可持续发展。

第三节　市场竞争格局

一、主要市场参与者分析

随着人口老龄化趋势的加剧,养老市场的竞争正变得愈发激烈。在评估主要市场参与者时,需要深入分析占主导地位的企业和机构,以及它们的市场策略和竞争优势。以下将对这些方面进行详细的探讨。

在养老市场中，主要的参与者通常包括保险公司、金融机构、医疗健康机构、房地产开发商以及各类养老服务机构。这些企业和机构往往具有雄厚的资金实力、丰富的资源和广泛的客户基础。例如，保险公司通常提供养老保险产品，金融机构提供养老金理财服务，医疗健康机构提供养老医疗服务，房地产开发商则涉足养老社区建设等方面。

养老市场竞争激烈，因此市场策略的制定对于企业和机构的发展至关重要。第一，它们需要根据市场需求和竞争对手的情况，不断调整和优化自己的产品和服务，以满足客户的需求；第二，它们需要通过市场营销、品牌建设、渠道拓展等手段，提升自身在市场中的知名度和竞争力；第三，企业和机构还需要关注政策环境的变化，灵活调整市场策略，以应对政策的影响。

在养老市场，竞争优势是企业和机构脱颖而出的关键。这些竞争优势可以体现在多个方面，如产品创新、服务质量、价格竞争力、品牌影响力、渠道优势等。具有强大竞争优势的企业和机构往往能够在激烈的市场竞争中占据领先地位，并实现持续健康的发展。例如，一些保险公司通过推出差异化的养老保险产品，满足不同客户群体的需求；一些医疗健康机构通过提供高品质的养老医疗服务，赢得了客户的信赖和口碑。

综上所述，养老市场竞争格局的分析涉及对主要市场参与者、市场策略和竞争优势的深入剖析。只有深入了解这些方面，企业和机构才能够在激烈的市场竞争中立于不败之地，实现可持续发展。

二、市场入门门槛

养老市场正逐渐成为众多企业所关注的焦点。然而，新企业要进入这一市场面临着一系列的门槛和障碍，主要包括资本、技术以及法规要求。

资本是新企业进入养老市场的首要门槛。养老服务需要大量的资金支持，用于建设养老院、购买设备、招募员工以及提供服务等方面。这些成本较高，因此对于资金的需求较大。许多新创企业可能无法满足这些资本需求，从而陷入发展瓶颈。即使有一定的启动资金，也需要考虑长期运营的资金需求，这对于许多初创企业来说是一个严峻的挑战。

技术水平也是影响新企业进入养老市场的重要因素。随着科技的不断发展，现代养老服务已经不再局限于传统的护理和生活照料，而是逐渐向智能化、信息化方向发展。这就要求新企业具备一定的技术实力，能够提供更加智能、高效、个性化的养老服务。智能监测设备、远程医疗服务、智能家居系统等技术已经成为现代养老服务的标配，缺乏这些技术支持的新企业将难以在市场上立足。

法规要求也是新企业进入养老市场时必须面对的。养老服务涉及人们的生命健康和财产安全，因此受到严格的监管和法律约束。新企业需要符合各种法规和标准，如建筑安全规范、医疗服务资质、员工资质等要求。这不仅增加了进入市场的门槛，还需要企业投入大量的时间和精力来理解和遵守相关法规，否则可能会面临罚款、停业整顿等风险。

综上所述，新企业要进入养老市场并不容易，他们面临着诸多的挑战和障碍。除了资本、技术和法规要求外，市场竞争激烈、品牌建设和用户信任度等方面也是新企业需要考虑的因素。因此，想要在养老市场上取得成功，新企业需要有充足的准备和良好的战略规划，才能在激烈的竞争中立于不败之地。

三、竞争策略与差异化

在养老服务行业，市场竞争愈发激烈，养老服务提供者需要通过差异化竞争来脱颖而出。差异化竞争策略是指企业在产品、服务、营销等方面与竞争对手有所不同，从而赢得顾客青睐，提高市场占有率和盈利能力。在养老服务领域，差异化竞争尤为重要，因为老年人对服务品质和体验的要求越来越高，而市场上同质化的养老服务提供者却层出不穷。以下将探讨养老服务提供者如何通过服务质量、产品创新等方面实现差异化竞争。

服务质量是养老服务差异化竞争的关键。老年人对服务的依赖性较强，因此提供高品质的服务是吸引和留住顾客的关键。养老服务提供者可以通过提供个性化、专业化的服务来满足老年人的多样化需求。例如，提供定制的生活护理计划，包括饮食、运动、医疗护理等方面的个性化服务。同时，培训员工提高专业素养，建立亲和力强、贴心细致的服务团队，提供24小时全天候的服务,以确保老年人在任何时候都能得到关怀和支持。此外,及时处理老年人的投诉和意见反馈,持续改进服务质量,也是提升差异化竞争优势的关键之一。

产品创新是差异化竞争的重要手段。随着老龄化社会的到来,老年人对养老产品的需求日益多样化和个性化。养老服务提供者可以通过创新产品和服务,满足老年人日益增长的需求。例如,开发智能化的养老辅助产品,如智能健康监测器、智能家居设备等,帮助老年人监测健康状况、提高生活便利性。此外,利用互联网和信息技术,开展在线养老服务,如远程医疗咨询、在线健康管理等,为老年人提供更便捷的养老服务体验。养老服务提供者还可以结合社区资源,开展丰富多彩的养老活动,如健身俱乐部、手工艺课程、文化沙龙等,丰富老年人的生活内容,增加社交互动,提升服务附加值。

品牌建设也是差异化竞争的重要环节。一个优秀的品牌不仅可以提升企业的知名度和美誉度,还能为企业赢得顾客的信任和忠诚度。养老服务提供者可以通过积极开展品牌宣传和营销活动,树立良好的企业形象和品牌价值观。例如,通过与知名医院、专家合作,提升服务的权威性和可信度;加强与社区、家庭的沟通与合作,建立良好的社会责任形象;利用媒体和网络平台,宣传企业的特色服务和成功案例,树立品牌的市场地位和竞争优势。

综上所述,养老服务提供者要实现差异化竞争,需要从服务质量、产品创新和品牌建设等方面入手。通过不断提升服务质量,创新产品和服务,加强品牌建设,才能在激烈的市场竞争中脱颖而出,赢得老年人和家庭的信赖和支持,实现长期稳定的发展。

四、合作与并购趋势

合作与并购趋势在养老行业内部产生了深远的影响,这不仅仅涉及市场竞争格局的变化,更是关乎养老服务的质量、效率和未来发展方向。通过合作与并购,养老企业可以实现资源整合、提升服务水平、降低成本,同时也能够拓展市场份额、增强竞争实力。

养老行业内部合作趋势的出现,使得原本竞争激烈的市场开始呈现出一种更为合作共赢的态势。各家企业之间可以通过资源共享、经验交流等形式展开合作,共同面对行业中的诸多挑战。例如,一些养老机构可能在人才培养、技术研发等方面存在短板,而通过与其他企业合作,可以快速填补这些不足,提升整体实力。此外,合作还有助于扩大市场影响力,提高品牌知名度,促进市场份额的增长。

养老行业并购趋势的加剧,使得市场竞争格局发生了根本性的变化。随着一些大型养老企业通过并购方式实现规模扩张,市场上出现了越来越多的巨头企业。这些企业拥有更为丰富的资源和更强的实力,可以通过规模效应带来的成本优势,进一步压缩其他竞争对手的生存空间。同时,企业之间的激烈竞争也可能导致市场出现恶性竞争的局面,加剧行业内部的混乱局面。

合作与并购趋势也引发了养老行业监管政策的调整与变革。随着市场格局的变化,监管部门需要及时调整相关政策,以保障市场的公平竞争和消费者的权益。例如,针对养老企业的并购重组,一方面,监管部门可能会出台一系列规范性文件,加强对企业合规经营的监管力度,防止出现垄断行为和市场失序现象;另一方面,监管部门也可能鼓励企业之间加强合作,共同推动养老服务的提质增效,以满足日益增长的老龄化需求。

需要注意的是,养老行业内部合作与并购趋势的发展离不开市场经济环境的支持和推动。政府在产业政策、金融政策等方面的引导和支持,对于促进养老行业的合作与并购具有重要意义。只有在政府的积极引导下,养老企业才能更好地抓住合作与并购的机遇,实现可持续发展。

综上所述,合作与并购趋势对养老行业市场竞争格局的影响是多方面的,既有促进行业整体发展的积极作用,也存在着一些挑战和风险。在未来的发展中,养老企业需要不断加强合作,实现资源优势的互补和互利共赢,同时也需要遵守市场规则,避免出现不正当竞争行为,共同推动养老服务行业迈向更加健康、可持续的发展轨道。

五、国际市场竞争分析

在全球范围内,市场竞争的形势愈发激烈,尤其是在养老市场这样一个具有广泛社会关注的领域。了解不同国家和地区的养老市场竞争特点以及跨国企业如何适应各地市场,对于制定有效的商业策略至关重要。

在发达国家,如美国、英国和德国,养老市场已经相当成熟,存在着一些大型的养老服务提供商,它们竞争激烈,追求创新和服务品质的提升。同时,由于人口老龄化加剧,市场规模庞大,因此吸引了越来越多的企业进入。相比之下,发展中国家的养老市场则较为新兴,虽然潜力巨大,但也面临着基础设施不足、服务水平不高等挑战。在这样的市场中,企业需要更加注重基础建设和品牌建设,以赢得消费者的信任和支持。

另外,不同国家和地区的文化、法律、经济环境等方面的差异也会影响养老市场的竞争格局。例如,东方文化中对于家庭的重视,导致了家庭养老的传统模式仍然占据主导地位,而西方国家更倾向于将老年人送入养老院。因此,跨国企业在进入不同国家和地区市场时,需要根据当地的文化习惯和法律法规进行调整和适应,以确保其产品和服务能够符合当地消费者的需求和期望。

那么,跨国企业如何适应各地市场呢?首先,它们需要进行充分的市场调研,了解目标市场的需求和竞争情况。其次,它们需要根据目标市场的特点,进行产品和服务的定制。例如,针对发达国家市场,它们可以推出更加高端的养老服务,满足消费者对品质和舒适度的追求;而在发展中国家市场,它们可以推出更加实惠和基础的养老服务,满足消费者对价格的敏感度。

跨国企业还需要建立良好的品牌形象和声誉,以赢得消费者的信任和支持。在养老行业,信任是重要的资产之一,消费者往往更倾向于选择那些有良好口碑和专业服务的企业。因此,跨国企业需要注重提升服务品质、加强员工培训,并积极参与社会公益活动,树立企业社会责任形象。

另外,跨国企业还可以通过与当地企业合作或收购当地企业的方式,快速融入目标市场。通过与当地企业的合作,它们可以借助当地企业的资源和网络,更好地理解当地市场和消费者,更快地获得市场反馈。同时,收购当地企业也是一种快速扩张的方式,可以帮助跨国企业迅速在目标市场建立起一定规模和影响力。

总的来说,国际市场竞争对于养老行业来说,既是挑战也是机遇。跨国企业需要充分认识到不同国家和地区市场的差异性,制定针对性的战略,并不断调整和优化自己的产品和服务,以适应不断变化的市场需求和竞争环境,从而在全球范围内取得成功。

第四节 消费者行为研究

一、消费者选择偏好

市场竞争格局和消费者行为研究是商业领域中不可或缺的两大重要方面。在这两个领域中,老年消费者的偏好和行为是一项备受关注的议题。老年消费者作为一个庞大而特殊的消费群体,其选择偏好对于养老服务和产品的市场竞争格局有着深远的影响。因此,了解老年消费者在选择养老服务和产品时的偏好对于市场参与者制定有效的营销策略至关重要。

老年消费者在选择养老服务和产品时的偏好主要包括价格、品质和便利性三个方面。

老年消费者对价格的敏感度较高。随着年龄的增长和收入的减少,老年消费者更加关注价格与品质之间的平衡。因此,对于大多数老年消费者来说,他们更倾向于选择价格相对较低但品质合理的养老服务和产品。此外,老年消费者也更注重是否能够享受到相应的优惠政策或折扣,这在一定程度上影响了他们的消费决策。

老年消费者在选择养老服务和产品时注重品质。随着年龄的增长,老年消费者更加注重生活质量和健康状况。因此,他们更倾向于选择品质有保障、服务周到的养老机构或产品。对于养老服务而言,老年消费者更看重服务人员的专业素养和亲和力,以及养老机构的设施设备和管理水平。而对于养老产品而言,老年消费者更倾向于选择经过认证或有口碑的品牌,以确保产品的安全性和有效性。

老年消费者在选择养老服务和产品时注重便利性。随着年龄的增长,老年消费者可能面临身体机能下降、行动不便等问题,因此,他们更加注重产品或服务的便利性和易用性。对于养老服务而言,老年消费者更倾向于选择地理位置便利、交通便捷的养老机构,以减少出行和交通上的困扰。对于养老产品而言,老年消费者更注重产品的简单易用性和维护保养的便利性。

市场参与者应该深入了解老年消费者的需求和偏好,根据其特点制定相应的营销策略。价格合理、品质可靠、便利实用的养老服务和产品,可以更好地满足老年消费者的需求。同时,加强对老年消费者行为的研究,不断改进和创新产品和服务,将有助于拓展老年消费市场,实现经济效益和社会效益的双赢局面。

二、消费者信息获取渠道

在老年人及其家属如何获取可靠的养老服务信息以及信息来源方面,有许多复杂因素需要考虑。

消费者通常会通过多种途径获取养老服务信息。其中,口碑和推荐是一种重要的信息来源。老年人和家属会向身边的亲朋好友、邻居、社区工作人员等咨询养老服务机构的情况,听取他们的建议和经验。此外,老年人还可能通过老年活动中心、社区公告栏、养老服务展会等途径获取相关信息。对于更多依赖网络的老年人及其家属来说,互联网也是获取养老服务信息的重要途径,他们可以通过搜索引擎、养老服务平台、社交媒体等获取各种信息。

然而,虽然信息获取渠道多样,老年人及其家属需要特别注意信息的可靠性。在养老服务领域,信息的真实性和客观性至关重要。有些养老机构可能会夸大其服务质量或者隐瞒不利信息。为了避免受到误导,老年人及其家属应该多方了解,不仅要听取正面评价,也要留意负面评价和投诉。此外,政府部门和相关机构发布的官方信息也是非常可靠的参考来源,老年人及其家属可以通过查阅政府发布的养老服务指南、规定和报告来获取权威信息。

综上所述,老年人及其家属在选择养老服务时,需要通过多种渠道获取充分可靠的信息,以便做出理性、明智的决策,为老年人的晚年生活提供更好的保障。

三、消费者决策过程

在养老服务和产品领域,消费者的选择过程同样是一个复杂而又精细的过程,需要考虑诸多因素。

根据消费者决策过程的基本模型,消费者决策过程通常可以分为五个阶段:需求识别、信息搜索、评估备选方案、购买决策以及后购买行为。这五个阶段相互交织,决定了消费者最终的选择。在选择养老服务和产品时,消费者也会经历这些阶段,但由于养老服务和产品通常是高价值、长期性的消费品,因此在每个阶段所考虑的因素可能会更加复杂。

需求识别阶段是消费者决策过程的起点。在养老服务和产品领域,需求识别可能来自个人或家庭成员的健康状况、年龄结构、财务状况等因素。例如,随着年龄的增长和健康状况的变化,消费者可能开始意识到自己或家人需要养老服务或产品。在这个阶段,影响决策的主要因素包括个人健康状况、家庭结构、社会文化因素等。

信息搜索阶段是消费者主动寻找有关养老服务和产品的信息的阶段。消费者可能会通过多种渠道获取信息,包括亲朋好友的推荐、互联网搜索、媒体广告、专业机构的评价等。在信息搜索阶段,消费者通常会关注养老服务和产品的质量、价格、口碑、服务内容等因素,以便做出更加理性的选择。

第三个阶段是评估备选方案阶段。在这个阶段,消费者会对已获取的信息进行分析和比较,以便确定最适合自己需求的养老服务和产品。消费者可能会对不同的养老服务提供商进行比较,包括服务内容、资质认证、价格水平等方面。此外,消费者还可能会考虑养老服务和产品的地理位置、便利程度等因素。

购买决策阶段是消费者做出最终购买决定的阶段。在这个阶段,消费者可能会考虑自己的财务状况、家庭的意见、个人的偏好等因素。购买决策可能会受到诸多因素的影响,包括价格优惠、销售人员的推荐、产品质量保证等。

最后一个阶段是"后购买"行为阶段。在购买养老服务和产品之后,消费者可能会对所购买的产品进行评价,并根据实际体验来确定是否满意。消费者的"后购买"行为可能会影响到他们今后对同一品牌或同类产品的购买意愿,同时也会影响到其他消费者的购买决策。

除了以上五个阶段,消费者选择养老服务和产品的决策过程还受到许多其他因素的影响。首先是个人特征,包括年龄、性别、教育程度、职业等。不同年龄段的消费者可能会对养老服务和产品有不同的需求和偏好。其次是社会文化因素,包括文化背景、价值观念、社会风气等。在一些文化背景下,家庭对养老的责任可能会影响到消费者的选择。再次是经济因素,包括个人收入水平、财务状况等。消费者的经济实力会直接影响到其对养老服务和产品的选择。最后是市场因素,包括竞争对手的情况、市场环境的变化等。消费者的选择也会受到市场竞争的影响,有时候会受到竞争对手的价格政策、宣传策略等因素的影响。

综上所述,消费者选择养老服务和产品的决策过程是一个复杂而又精细的过程,受到多种因素的影响。了解消费者决策过程以及影响因素,对于企业提供更加符合消费者需求的产品和服务,制定更加有效的营销策略具有重要意义。因此,企业应该密切关注消费者的需求变化,不断优化产品和服务,以满足消费者日益增长的需求。

四、消费者满意度与忠诚度

消费者行为研究一直是市场营销领域的关键议题之一,而老年消费者群体的满意度和忠诚度则是其中一个备受关注的方面。老年消费者的需求和行为模式可能与其他年龄段的消费者有所不同。

老年消费者通常具有以下特征:相对固定的收入来源、较强的品牌忠诚度、对服务质量和关怀的高度关注、偏好简单易用的产品和服务等。因此,在制定满足老年消费者需求的策略时,我们需要考虑以下这些特点。

服务质量是影响消费者满意度的重要因素之一。针对老年消费者,提供高质量的服务尤为关键。这包括友好、耐心和细致的服务态度,以及为他们量身定制的服务。老年消费者对服务的期望往往更高,因此提供优质的服务可以显著提升他们的满意度。

顾客关系管理(CRM)也是提高老年消费者满意度和忠诚度的有效手段。通过建立和维护良好的客户关系,企业可以更好地了解老年消费者的需求和偏好,并及时做出相应调整。例如,通过定期沟通、关怀电话或邮件,企业可以向老年消费者传递关怀和尊重,增强他们的忠诚度。

另外,为老年消费者提供简单易用的产品和服务也是提高满意度和忠诚度的关键。老年消费者可能对新技术和复杂的操作流程感到困惑,因此,简化产品设计、清晰的使用说明以及方便的售后服务都可以帮助他们更好地使用产品,并增强他们对品牌的信任和忠诚度。

除了以上提到的因素外,企业还可以通过个性化营销、优惠政策以及针对老年消费者的社交活动等方式来增强他们的忠诚度。例如,举办针对老年消费者的专属活动或者提供专属优惠可以增强他们的归属感和忠诚度。

总的来说,通过提高服务质量、实施有效的顾客关系管理以及提供简单易用的产品和服务,企业可以增强老年消费者的满意度和忠诚度。在竞争激烈的市场环境下,关注老年消费者的需求并采取相应措施是企业取得竞争优势的关键之一。

五、市场细分与定位策略

市场细分是指将一个大的市场分成若干个相对独立、相对同质但在某些方面又不同的市场细分,以便更好地满足不同消费者群体的需求。在养老市场中,可以根据消费者的不同特征和需求进行市场细分。例如,可以根据年龄、健康状况、经济实力、兴趣爱好等因素将市场细分为不同的群体。针对不同的细分市场,养老服务提供商可以开发出不同的产品和服务,以满足不同群体的需求。

市场定位策略是指企业选择在市场上的定位和竞争策略,以便更好地满足目标消费者群体的需求,并在市场上获得竞争优势。在养老市场中,市场定位策略非常重要。针对不同的细分市场,养老服务提供商可以采取不同的定位策略。例如,对于健康状况较好、经济实力较强的老年人群体,可以提供高端的养老服务,如高级养老社区、医疗保健服务等;而对于健康状况较差、经济实力较弱的老年人群体,可以提供更加实惠的养老服务,如社区养老中心、居家护理服务等。通过市场定位策略,养老服务提供商可以更好地满足不同群体的需求,提高市场竞争力。

除了根据消费者的特征和需求进行市场细分和定位外,还可以采用其他策略来进一步细分市场和提高市场定位精准度。例如,可以根据消费者的生活方式、价值观念、购买习惯等因素进行细分,并针对不同细分市场采取相应的市场定位策略。此外,还可以利用市场调研和数据分析等手段,深入了解消费者的行为和需求,从而更好地把握市场细分和定位的机会。

在实施市场细分和定位策略时,养老服务提供商需要注意以下几点。首先,需要充分了解目标消费者群体的特征和需求,以便更好地进行市场细分和定位;其次,需要与消费者保持良好的沟通和互动,不断收集反馈意见,及时调整产品和服务,以满足消费者的需求;最后,需要与其他相关行业进行合作,共同推动养老服务的发展,提高整个行业的水平和竞争力。

总之,市场细分与定位策略对于养老市场非常重要。通过深入了解消费者的行为和需求,并针对不同的细分市场采取相应的市场定位策略,养老服务提供商可以更好地满足消费者的需求,提高市场竞争力,推动养老服务行业的发展。

第五章　消费养老金融支持与创新

在当前社会经济结构快速变化的背景下,消费养老已成为关注的焦点,其金融支持与创新不仅能够提升老年人的生活质量,还能推动经济的持续发展。第五章旨在深入探讨与消费养老相关的金融产品、政策支持、市场作用及创新案例,从而揭示金融领域在满足老年人消费需求、保障其经济安全方面的潜力与挑战。通过分析各类养老金融产品的设计与实施,评估政策环境如何影响这些产品的有效性及可达性。同时,探讨金融市场在促进消费养老领域发展中的关键作用,并通过具体的金融创新案例,展示如何有效整合资源,促进养老金融服务的创新与发展,最终为实现高质量的消费养老提供有力的金融支持。

第一节　养老金融产品

一、定期养老金储蓄账户

养老金融产品在现代社会中扮演着重要的角色。随着人口老龄化的不断加剧和个人养老责任的日益凸显,定期养老金储蓄账户作为一种重要的金融工具,在帮助个人实现养老财务规划和稳健积累方面发挥着重要作用。本部分将对定期养老金储蓄账户进行详细的介绍和讨论。

定期养老金储蓄账户是一种由个人自愿参与的金融储蓄计划,旨在为个人在退休后提供稳定的养老金收入。个人通过向银行或其他金融机构定期存款,以积累养老金,确保在退休时能够获得一定程度的财务支持。这种储蓄账户通常以一定的利率增长存款,同时可能会有一些特殊的税收优惠政策,以鼓励个人参与。

定期养老金储蓄账户的运作机制值得深入探讨。个人在选择开设养老金储蓄账户时,通常需要考虑账户的存款期限、存款金额、利率和提取规则等因素。存款期限可以根据个人的养老规划和风险偏好来确定,一般来说,较长的期限可能会带来较高的利率,但也意味着资金的流动性较差。存款金额通常没有固定要求,个人可以根据自身情况进行灵活安排。利率是个人选择养老金融产品考虑的一个重要因素,高利率可以带来更多的收益,但也可能伴随着更高的风险。提取规则包括提前支取和到期支取两种方式,个人需要根据自己的实际情况选择适合的方式。

定期养老金储蓄账户的优势和劣势也需要进行全面评估。其优势在于提供了稳定的养老金积累方式,通过定期存款可以逐步积累养老金,为个人提供一定的退休保障;此外,定期养老金储蓄账户通常具有较低的风险,适合风险偏好较低的投资者。然而,定期养老金储蓄账户也存在一些劣势,例如存款期限较长可能会导致资金的流动性不足,提前支取可能会面临一定的罚金或利率降低等问题。

定期养老金储蓄账户的未来发展趋势也值得关注。随着人口老龄化的加剧和养老金体系的不断完善,定期养老金储蓄账户有望成为更加普遍和重要的金融工具。未来可能会出现更多针对个人养老需求的定制化产品,同时也会加强监管和风险管理,以确保个人养老金的安全和稳健增值。

二、养老保险产品

养老保险产品是为应对人口老龄化趋势而设计的金融工具,旨在为个人和团体提供长期的财务保障和医疗保障。随着全球人口结构的变化,老龄化问题已经成为许多国家面临的重大挑战之一。因此,各国政府和金融机构都在努力开发各种养老保险产品,以确保老年人能够在退休后享有相对稳定的生活。

养老保险产品通常分为个人养老保险和团体养老保险两种类型。个人养老保险是由个人购买，旨在为个人养老提供保障。而团体养老保险则是由雇主或其他团体组织购买，为团体成员提供养老福利。

个人养老保险产品通常以年金形式出现。年金是一种长期的投资工具，投保人在退休后可以获得一定的固定收入，以补充退休金或其他收入来源。年金的支付方式通常有两种：一是固定年金，即按照事先确定的支付计划向投保人支付固定金额的年金；二是变动年金，即根据投资表现或市场利率的变化，调整年金支付金额。个人年金的购买方式灵活多样，可以一次性投保，也可以分期支付保费。

团体养老保险产品通常包括养老金计划和医疗保险。养老金计划是雇主为员工提供的一种福利，旨在为员工在退休后提供稳定的养老收入。雇主和员工通常会共同为该计划支付保费，雇主在员工退休后负责向其支付养老金。医疗保险则是为团体成员提供医疗保障，包括其退休后的医疗费用和药品费用。

除了以上常见的养老保险产品，还有一些其他形式的养老保险产品，如长期护理保险、残疾保险等。长期护理保险是为那些需要长期护理的老年人提供保障，可以覆盖护理机构的费用和护理人员的费用。残疾保险则是为那些因意外或疾病导致残疾的人提供保障，以确保他们能够在残疾后维持生活。

养老保险产品的设计和销售通常受到监管机构的监管，以确保产品的透明度和合法性。此外，金融机构和保险公司也会根据市场需求和客户反馈不断创新，推出更多适应不同需求的养老保险产品。例如，一些保险公司可能会推出针对特定行业或职业的定制化养老保险产品，以满足不同群体的需求。

三、养老基金投资

养老基金投资是一项重要的财务策略，旨在为个人的退休生活提供长期的财务支持。随着人口老龄化趋势的加剧，养老金融产品的需求日益增加。通过养老基金投资，个人可以分散风险，追求长期增值，为未来的退休生活做好充分的准备。

养老基金投资的核心目标之一是分散风险。在金融市场中，投资总是伴随着一定的风险，包括市场波动、通货膨胀等。通过将资金投资于养老基金，个人可以将风险分散到不同的资产类别中，如股票、债券、房地产等。这种分散投资的策略有助于降低整体投资组合的波动性，减少因某一资产表现不佳而带来的损失，从而更加稳健地实现财务目标。

养老基金投资追求长期增值。与其他投资方式相比，养老基金投资更注重长期收益。由于养老金是为了未来的退休生活而准备的，因此投资者可以采取长期的投资策略，更多地关注资产的增值潜力而非短期的市场波动。通过长期持有资产，投资者可以享受复利效应，使投资在时间的推移下获得更为可观的回报。

养老基金投资也有助于实现资产的长期保值。随着通货膨胀的存在，货币的购买力逐渐下降。而通过投资养老基金，个人可以将资金投入到各种资产中，其中包括股票等具有较高增值潜力的资产。这些资产在长期内的收益往往能够超过通货膨胀水平，从而确保投资者的财务价值得以保值，甚至增值。

养老基金投资还可以为个人提供税收优惠。许多国家都为养老基金投资者提供了税收优惠政策，例如税收推迟或减免等。这些政策使得个人在投资养老基金时能够获得更高的回报，进一步增强了养老基金投资的吸引力。然而，需要注意的是，养老基金投资也存在一定的风险。市场波动、经济衰退等因素都可能影响投资回报，甚至导致投资损失。因此，在进行养老基金投资时，个人需要进行充分的风险评估，并选择与自身风险承受能力相匹配的投资组合。

四、逆按揭养老产品

逆按揭养老产品是一种为老年人提供财务支持的养老金融产品。它的核心思想是让老年人能够将自己的房产作为资金来源之一，通过逆按揭贷款获取定期收入。这种产品的出现是对老年人养老经济需求的一种创新性回应，尤其是针对那些拥有房产但流动资金有限的老年人而言，逆按揭养老产品提供了一种弥补养老金不足的方式。

逆按揭是指银行或其他金融机构向房屋所有者提供贷款，以房产作为抵押，但与传统按揭不同的是，逆按揭贷款不需要借款人进行月供支付。相反，借款人可以选择获得一笔一次性的贷款或者定期领取一定金额的贷款,而贷款的本金、利息等会随着时间推移逐渐累积到房产抵押上。这样,借款人就可以通过逆按揭贷款将自己的房产转化为现金流,用于满足养老期间的日常开支或其他需求。

逆按揭养老产品的特点之一是灵活性。老年人可以根据自己的实际需求选择一次性领取贷款或者定期领取,并且可以根据自己的经济状况随时调整领取方式。这种灵活性使得老年人可以更好地规划自己的财务安排,根据自己的实际情况进行灵活运用资金。

逆按揭养老产品还具有一定的风险保障功能。由于贷款是以房产作为抵押,因此借款人不需要担心因为无法按时偿还贷款而失去房产的风险。此外,由于贷款不需要月供,借款人也不需要担心因为无法支付月供而陷入经济困境的风险。这样一来,老年人就可以更加安心地利用自己的房产进行养老规划,而不必担心财务风险带来的后顾之忧。

逆按揭养老产品还有助于优化老年人的财务结构。许多老年人拥有房产,但由于房产是一种非流动资产,因此很难将其变现用于日常开支。逆按揭养老产品的出现为老年人提供了一种将房产转化为现金流的方式,使得他们可以更好地利用自己的房产进行财务规划,提高资金利用效率。

总的来说,逆按揭养老产品是一种创新性的养老金融产品,它允许老年人将自己的房产作为资金来源之一,通过逆按揭贷款获取定期收入。这种产品的出现为老年人提供了一种灵活、安全、优化财务结构的方式,帮助他们更好地规划自己的养老金融安排,提高养老生活质量。随着老龄化社会的到来,逆按揭养老产品有望成为老年人养老金融市场的重要组成部分,为老年人提供更多选择,更好地满足其养老金融需求。

五、养老理财规划服务

养老理财规划服务在当前社会中具有重要的意义,随着人口老龄化趋势的不断加剧,个人养老理财规划变得越来越重要。这种服务旨在帮助个人根据其财务状况和养老目标制定合适的投资策略,以确保其在退休后能够享有足够的经济保障和生活品质。

养老理财规划服务需要深入了解个人的财务状况。这包括个人的收入、支出、资产和负债等方面的情况。通过对个人财务状况的全面了解,理财规划师可以更好地帮助个人制订合适的投资计划。例如,对于收入较高但支出也相对较高的个人,可能需要更加激进的投资策略来实现其养老目标;而对于收入稳定但储蓄较少的个人,则可能需要更加稳健的投资策略来保值增值。

养老理财规划服务需要综合考虑个人的养老目标。不同的个人对于养老的期望和目标可能会有所不同。有些人可能希望在退休后能够过上豪华的生活,而有些人可能只希望能够维持基本的生活水平。因此,理财规划师需要与个人深入沟通,了解其对于养老的期望,从而制订出符合其需求的投资计划。

在制订投资计划时,养老理财规划服务需要考虑投资的风险和回报。由于养老资金需要长期保值增值,因此投资组合的风险承受能力是一个非常重要的考虑因素。理财规划师需要根据个人的风险偏好和养老期限,为其设计出适合的投资组合,从而最大限度地平衡风险和回报。

除了制订投资计划外,养老理财规划服务还需要提供持续的监督和调整。随着个人的财务状况和养老目标的变化,投资计划也需要不断地进行调整和优化。理财规划师需要与个人建立起长期稳定的合作关系,为其提供持续的理财指导和建议,确保其养老资金能够始终保持在合适的投资路径上。

总的来说,养老理财规划服务是一项非常重要的金融服务,能够帮助个人根据其财务状况和养老目标制定出合适的投资策略,从而确保其在退休后能够享有足够的经济保障和生活品质。通过深入了解个人的财务状况和养老目标,并综合考虑投资的风险和回报,理财规划师能够为个人提供个性化的养老理财规划服务,为其实现养老目标提供有力的支持。

第二节 金融支持政策

一、税收优惠政策

金融支持政策一直是政府在促进经济发展和社会稳定方面的重要手段

之一。其中,税收优惠政策作为金融支持政策的一种重要形式,在鼓励个人和企业投资养老金融产品方面发挥着重要的作用。

税收优惠政策是指政府为了鼓励特定行为或行业发展,采取的对相关税收进行减免的措施。在养老金融领域,税收优惠政策的主要目的是激励个人和企业增加投资养老金融产品的积极性,以便更好地为老年人提供养老保障,同时促进金融市场的稳定和发展。

税收优惠政策的实施方式多种多样。首先,可以通过对个人和企业在购买养老金融产品时所缴纳的税收进行免除或减少来实现。例如,政府可以对个人购买养老保险的保费给予一定比例的税收抵扣或免税待遇;对企业在为员工购买养老保险时所支付的费用给予税收减免。其次,政府还可以通过对养老金融产品的收益或利润实施特殊的税收政策,如减少相关税率或给予税收优惠等方式,来鼓励个人和企业投资养老金融产品。

这些税收优惠政策对个人和企业都产生了积极的影响。对个人而言,税收优惠政策降低了购买养老金融产品的成本,提高了个人参与养老金融规划的积极性。同时,税收优惠也为个人提供了更多的投资选择,增加了个人财务管理的灵活性。对企业而言,税收优惠政策降低了为员工购买养老保险所需的成本,减轻了企业的负担,有利于提升企业的福利水平,增强员工的归属感和忠诚度。此外,税收优惠政策还有利于引导企业更加注重员工的长期福利和职业发展,有利于提升企业的社会责任感和形象。

税收优惠政策的实施也带来了一系列的政策效果。首先,税收优惠政策促进了养老金融市场的发展,扩大了养老金融产品的规模和种类,丰富了市场供给。其次,税收优惠政策提高了社会对养老金融产品的认可度和参与度,有利于解决养老保障的问题,促进了社会的和谐稳定。同时,税收优惠政策也推动了金融业的发展,增加了金融机构的业务量和盈利能力,有利于提升金融业的竞争力和国际地位。

二、政府补贴计划

金融支持政策一直是政府在促进经济增长、提高就业率以及促进产业发展中采取的重要手段之一。其中,政府补贴计划作为一种直接的财政支持方式,在特定人群或养老产业企业中发挥着重要作用。

政府补贴计划的意义不言而喻。在经济发展过程中,政府通过向特定人群或养老产业企业提供直接的财政补贴或资助,可以有效地促进相关产业的发展,刺激消费和投资,增加就业机会,提高人民生活水平。特别是在养老产业方面,随着人口老龄化问题的日益突出,政府补贴计划更是发挥了不可替代的作用,为养老产业的发展提供了重要的支持和保障。

政府补贴计划的实施方式多种多样。政府可以直接向符合条件的个人或企业提供一定额度的财政补贴,以帮助他们更好地投资养老产业或改善养老条件。政府也可以通过设立专门的资金或基金,向养老产业企业提供贷款或股权投资,以支持其发展壮大。此外,政府还可以通过税收优惠等方式来鼓励个人和企业参与养老产业的投资和经营。

政府补贴计划对经济和社会的影响十分深远。从经济角度来看,政府补贴计划可以有效地促进养老产业的发展,拉动相关产业链的增长,带动就业增加和消费扩大,为经济的持续健康发展提供有力支撑。同时,政府补贴计划还可以缓解养老金融压力,提高老年人的生活质量,促进社会和谐稳定。在长远发展看,政府补贴计划有助于建立健全的养老保障体系,为国家的可持续发展打下坚实基础。

然而,政府补贴计划也存在一些问题和挑战。首先,政府财政补贴的资金来源有限,如何合理分配和利用这些资金成为一个亟待解决的问题;其次,政府补贴计划容易造成市场扭曲,引发资源错配和浪费,影响经济的健康发展;最后,政府补贴计划的实施需要相关法律法规的支持和监管,以防止出现滥用、浪费等问题。

三、监管框架和合规性要求

金融支持政策在保障养老金融产品和服务安全性、合法性和透明度方面,重点在于建立健全的监管框架和合规性要求。这样的政策旨在保护养老金融市场的稳定性,同时确保消费者的权益得到充分保障。在此背景下,监管机构和相关部门需要采取一系列措施来确保金融机构在养老金融领域的运作符合法律法规,同时为消费者提供安全可靠的服务。

监管机构需要制定明确的法规和指南,明确规定养老金融产品和服务的相关要求和标准。这包括对于产品设计、销售、营销和服务提供等方面的规定,以及对于金融机构的注册、监管和评估等方面的规定。这些规定需要基于充分的市场调研和专业知识,确保其能够全面有效地覆盖养老金融市场的各个环节。

加强合规性要求是保障养老金融产品和服务安全的重要手段。金融机构在养老金融领域的经营必须符合相关法律法规,并且需要通过合规性审查来确保其业务活动的合法性和透明度。监管机构可以通过监测、检查和审计等手段对金融机构的合规性进行评估,并对不符合要求的行为采取相应的处罚措施,包括罚款、暂停业务、撤销许可证等。

加强信息披露和透明度是保护消费者权益的重要途径。金融机构在向消费者提供养老金融产品和服务时,需要充分披露产品的相关信息,包括产品的特点、风险、费用、收益等内容,以便消费者能够充分了解产品,并做出理性的投资决策。监管机构可以要求金融机构在产品销售过程中提供必要的信息,同时加强对于销售过程的监管,防止误导性宣传和不当销售行为的发生。

建立投诉处理机制也是保护消费者权益的重要举措。监管机构可以设立投诉受理部门,接收消费者对于养老金融产品和服务的投诉,并及时处理投诉事务,保障消费者的合法权益。对于存在严重违法违规行为的金融机构,监管机构可以通过行政处罚、司法追责等方式对其进行惩处,以维护市场秩序和消费者利益。

综上所述,在养老金融领域需要建立健全的金融支持政策监管框架和合规性要求,加强信息披露和透明度,建立投诉处理机制,以保障养老金融产品和服务的安全性、合法性和透明度,进而保护消费者的权益。这需要监管机构、金融机构和相关部门的共同努力,形成合力,推动养老金融市场的健康发展。

四、金融教育和普及

金融支持政策在养老金领域的重要性日益凸显,而金融教育和普及则是实现养老金融健康发展的关键一环。养老金融涉及个人的退休理财、养老保障、家庭财务规划等方面,因此,提高公众对养老金融知识的认识,帮助他们做出明智的投资决策,不仅对个人财务安全至关重要,也对社会经济的稳定发展有着积极的促进作用。

金融教育和普及的重要性体现在多个方面。

养老金融是人们生活的重要组成部分,但相比其他金融领域,公众对养老金融的认识相对较少。许多人只是简单地了解养老金的概念,却对如何进行充分的理财规划、如何选择合适的养老金产品等知之甚少。通过加强金融教育和普及,可以提高公众对养老金融的了解程度,使他们能够更好地规划自己的退休生活。

养老金融市场的复杂性和不确定性给投资者带来了挑战。在选择养老金产品时,投资者需要考虑自身的风险偏好、投资期限、收益率等多个因素,这对普通投资者来说是一项相当复杂的任务。因此,加强金融教育,帮助公众提升金融素养,是提高投资者风险认知和投资决策水平的重要途径。

随着金融科技的发展,金融产品和服务不断创新,但也伴随着一些新的风险和挑战。比如,虚拟货币、P2P(互联网借贷平台)理财等新型金融业态涌现,存在着信息不对称、监管不足等问题,给投资者带来了更大的风险。因此,金融教育不仅要涵盖传统的养老金融知识,还要关注新兴金融形态,引导公众理性参与金融市场,避免盲目跟风和投机行为。

在金融教育和普及方面,政府、金融机构、社会组织等各方应发挥积极作用。政府应当加大金融教育投入,通过开展系列讲座、培训班等形式,普及养老金融知识,提高公众的金融素养;同时,加强对金融市场的监管,维护市场秩序,保护投资者的合法权益。金融机构应当主动承担起金融教育的责任,不仅要为投资者提供多样化、透明化的养老金产品,还要加强对投资者的风险提示和投资建议,引导他们根据自身情况选择合适的产品和投资策略。社会组织、媒体等非政府机构也可以发挥重要作用,通过举办公益活动、发布金融知识普及资料等方式,促进金融教育的深入开展,营造良好的金融氛围。

总的来说,金融教育和普及是实现养老金融健康发展的基础和保障。通过提高公众对养老金融知识的认识,帮助他们做出明智的投资决策,可以更好地满足老年人的养老需求,促进社会经济的稳定发展。因此,各方应共同努力,加强金融教育和普及工作,为建设一个稳健、可持续的养老金融体系做出积极贡献。

五、创新驱动政策

金融支持政策在促进养老金融领域创新发展中发挥着重要作用。随着人口老龄化趋势的加剧,养老金融产品和服务的需求日益增长,因此,创新驱动政策成为金融领域的关键策略之一。这一政策旨在鼓励金融机构和科技企业利用先进的科技手段和创新理念,开发出更加灵活、高效、个性化的养老金融产品和服务,以满足老年人和养老机构的多样化需求,提高养老金融领域的服务水平和竞争力。

创新驱动政策鼓励金融机构加大科技投入,推动技术创新在养老金融领域的应用。随着人工智能、大数据、区块链等新兴技术的发展,金融机构可以更好地利用这些技术手段,开发出更加智能化、个性化的养老金融产品和服务。例如,利用人工智能技术分析用户的养老需求和偏好,为他们量身定制出合适的养老金融方案;利用大数据分析老年人的消费行为和健康状况,为他们提供更加精准的金融服务;利用区块链技术确保养老金融产品的安全性和透明度,提高老年人和养老机构的信任度。通过加大科技投入,金融机构可以不断提升养老金融产品和服务的质量和效率,满足老年人和养老机构日益增长的金融需求。

创新驱动政策鼓励金融机构与科技企业开展深度合作,共同探索养老金融领域的创新模式。金融机构在养老金融领域拥有丰富的行业经验和资源优势,而科技企业则具有创新能力和技术优势,双方可以通过合作实现优势互补,共同推动养老金融领域的创新发展。例如,金融机构可以与人工智能企业合作,共同开发智能化的养老金融产品和服务;与大数据企业合作,共同建立老年人的数据平台,为金融决策提供数据支持;与区块链企业合作,共同打造安全可信的养老金融生态系统。金融机构与科技企业的深度合作,可以加速养老金融领域的创新步伐,推动行业向着更加智能化、高效化的方向发展。

创新驱动政策鼓励金融机构开展跨界合作,整合养老金融与其他相关领域的资源,推动产业融合发展。养老金融与医疗健康、文化娱乐、智能家居等领域密切相关,金融机构可以整合各个领域的资源,为老年人提供更加全面的养老服务。例如,金融机构可以与医疗健康机构合作,共同开发健康管理型养老金融产品和服务;与文化娱乐企业合作,共同打造老年人的文化娱乐生活;与智能家居企业合作,共同研发智能化的养老辅助设备。通过跨界合作,金融机构可以为老年人提供更加多元化、便捷化的养老服务,提升他们的生活品质和幸福感。

综上所述,创新驱动政策在养老金融领域的发展中具有重要意义。金融机构应当积极响应政策号召,加大科技投入,与科技企业开展深度合作,开展跨界合作,共同推动养老金融领域的创新发展,为老年人和养老机构提供更加优质、多样化的金融产品和服务,促进养老金融领域的可持续发展。

第三节 金融市场的作用

一、资本积累与配置

金融市场在现代经济体系中扮演着至关重要的角色,其作用远不止于资本的积累和配置,还涉及资金的流动、风险的分散以及金融产品的创新等多个方面。

金融市场作为资本的积累和配置平台,为个人、企业以及政府提供了融资渠道,从而推动了资本的有效积累。在传统的经济体系中,资本积累往往依赖于个人储蓄或企业内部积累,而金融市场的出现为资本的快速积累提供了新的途径。通过股票市场、债券市场以及银行等金融机构,个人和企业可以更便利地获得资金,实现企业的扩张和个人的投资。这不仅促进了经济的增长,也提高了资源配置的效率,使得资本可以更加灵活地流动和配置。

金融市场有助于降低资金的流动成本,提高了资本的配置效率。在传统的资本配置模式下,资金的流动往往受到地域和信息的限制,导致了资源的低效配置。而金融市场的出现打破了地域的限制,通过电子交易平台和金融工具的创新,大大降低了资金的流动成本。这使得资金可以更加自由地在不同地区和行业之间流动,从而实现了资源的优化配置,推动了经济的快速发展。

金融市场还为养老金融产品的发展和创新提供了重要支持。随着人口老龄化问题的日益突出,养老金融产品的需求不断增加。金融市场作为资本的聚集和配置平台,为养老金融产品的发行和投资提供了重要的支持。通过养老金投资计划、养老金保险等金融工具,个人和企业可以更加灵活地管理养老资金,实现资金的保值增值,为退休生活提供了保障。与此同时,金融市场也为养老金融产品的创新提供了必要的条件。不断涌现的金融工具和投资渠道,为养老金融产品的多样化和个性化提供了可能,满足了不同群体和个体的养老需求。

二、风险管理和分散

金融市场作为经济的重要组成部分,在现代社会中发挥着重要的作用。其中,风险管理和分散是金融市场的重要功能之一。

了解风险管理的重要性对于理解金融市场的作用至关重要。风险管理是指在不确定的环境中,通过各种手段识别、评估、控制和监测可能对个人或机构财务状况产生负面影响的风险。在投资活动中,风险是无法完全避免的,但可以通过有效的管理和分散来降低其对投资组合的影响。

金融市场提供了广泛的投资工具,包括股票、债券、期货、期权、外汇等,这些工具具有不同的风险特征和回报潜力。个人和机构可以根据其风险偏好和投资目标选择适合的投资工具,从而构建多样化的投资组合,降低整体投资风险。例如,对于风险承受能力较高的投资者,他们可能倾向于投资于股票市场。股票市场的波动性较大,但长期来看具有较高的回报潜力。然而,对于风险承受能力较低的投资者,他们可能更偏向于投资于债券市场。债券市场的回报相对稳定,风险较低,适合用于构建稳健的投资组合。

金融市场还提供了各种衍生品工具,如期货和期权,可以用于对冲投资组合中的特定风险。期货和期权合约可以通过在未来某一特定时间以特定价格交易标的资产来帮助投资者锁定未来的价格,从而降低价格波动对投资组合的影响。

除了投资工具的多样性之外,金融市场还通过资产配置和资产再配置来帮助投资者分散投资风险。资产配置是指根据投资目标、风险偏好和预期回报,将投资组合分配到不同类型的资产类别中,如股票、债券、房地产等。资产再配置是指定期调整投资组合中不同资产类别的权重,以适应市场变化和投资目标的变化。

通过资产配置和资产再配置,投资者可以根据市场情况和个人需求灵活调整投资组合,实现投资风险的有效分散。例如,在股票市场出现大幅下跌时,投资者可以通过增加债券或其他相对稳定的资产类别来平衡投资组合,降低整体风险。

总的来说,金融市场通过提供多样化的投资工具和资产配置方式,帮助个人和机构有效管理和分散养老金投资风险。投资者可以根据自身的风险偏好和投资目标构建多样化的投资组合,从而实现长期稳健的投资收益。同时,金融市场的有效运作也对整个经济体系的稳定和发展起着重要作用。

三、流动性提供者

金融市场作为经济体系的重要组成部分,其作用之一是提供流动性。流动性是指资产能够迅速转化为现金或者用于购买其他资产的能力。在金融市场中,流动性的提供对于整个经济系统的稳定和发展至关重要。在养老金融产品方面,流动性的保障更是尤为重要,因为养老金的本质需要长期积累和投资,但也需要在必要时刻能够快速变现以满足退休人员的生活需求。

金融市场通过提供流动性来满足养老金产品的投资需求。养老金产品通常需要投资于多种资产类别,包括股票、债券、房地产等,以实现资产配置和分散化投资的目的。而这些资产的交易和买卖都需要有充足的流动性支持。金融市场的存在确保了这些资产能够在需要时迅速转化为现金,从而保障养老金的安全性和可持续性。

金融市场为养老金产品提供了市场参与者之间的交易平台,促进了流动性的形成和传播。金融市场的交易活动使得资产的价格能够及时反映市场供求关系和信息,从而为投资者提供了参考依据。这种价格发现机制有助于提高市场的效率和流动性,使得养老金产品的投资组合能够更好地匹配投资者的需求,并且降低了投资的成本和风险。

另外,金融市场的创新也为养老金产品提供了更多的流动性选择。随着金融科技的发展和金融市场的创新,越来越多的流动性工具和产品被引入市场。例如,交易所交易基金(ETF)等新型金融工具提供了更灵活、更便捷的流动性管理方式,为养老金产品的投资和资金管理提供了更多的选择和机会。

金融市场的监管和规范也对流动性的提供起着重要作用。监管机构通过建立流动性要求、监控市场交易和风险管理等措施,保障金融市场的稳健运行,避免流动性风险和市场失序。这种监管的存在增强了投资者对金融市场的信心,提高了市场的流动性和效率。

金融市场的国际化也为养老金产品的流动性提供了更多的机会和选择。随着全球化的深入发展,金融市场的国际互联互通程度不断提高,投资者可以更便利地获取全球范围内的资产和流动性工具。这种跨境流动性的增加为养老金产品的资产配置和风险管理提供了更广阔的空间和可能性。

综上所述,金融市场作为流动性的提供者在养老金产品的投资和运作中发挥着不可替代的作用。通过为养老金产品提供流动性,金融市场保障了养老金的安全性和可持续性,促进了经济的稳定和发展。因此,保持金融市场的稳健和健康发展,不断完善金融市场的流动性机制和监管制度,将有助于更好地满足养老金产品的投资需求,为老年人的生活保障和社会的可持续发展做出更大的贡献。

四、价格发现机制

价格发现机制作为金融市场的重要功能之一,不仅仅影响着金融产品和服务的定价,更为养老金融产品和服务的定价提供了有效机制。

价格发现机制是指在市场经济体系中,通过供需关系,市场参与者之间的交易行为决定了产品或资产的价格。在这一过程中,买方和卖方根据自身的需求和供给情况,通过市场交易达成一致,从而决定了最终的价格水平。

在金融市场中,价格发现机制起着重要的作用。它不仅影响着金融资产价格的确定,更是引导着投资者的决策和行为。在养老金融领域,价格发现机制的作用更为显著。

金融市场的价格发现机制为养老金融产品和服务提供了合理的定价依据。养老金融产品和服务的价值往往受到多种因素的影响,包括经济环境、政策法规、人口结构等等。通过金融市场的价格发现机制,市场参与者可以及时获取相关信息,并据此对养老金融产品和服务进行合理定价,从而保障投资者的利益。

价格发现机制有助于提高养老金融市场的透明度和效率。在金融市场上,信息的不对称常常导致市场价格的扭曲和不公平现象的产生。而价格发现机制通过公开透明的市场交易,使得市场信息更加对称,减少了信息不对称所带来的负面影响,从而提高了市场的效率和公平性。

价格发现机制还有助于降低养老金融市场的风险。金融市场的不确定性和波动性是投资者面临的主要风险之一。通过价格发现机制,投资者可以及时获取市场价格的变动情况,从而及时调整自己的投资组合,降低投资风险,提高投资收益。

价格发现机制还可以促进养老金融市场的发展和壮大。养老金融市场的繁荣与否直接关系到老年人的福祉和社会的稳定。通过价格发现机制,可以吸引更多的投资者参与养老金融市场,推动市场的发展和壮大,为老年人提供更加丰富和多样化的养老金融产品和服务。

五、经济增长与稳定性

金融市场在现代经济体系中扮演着举足轻重的角色,其健康发展直接关系到经济增长和社会养老体系的稳定性。通过资金的流动、风险的分散和资源的配置,金融市场为经济的繁荣发展提供了重要支撑。以下将从经济增长和社会养老体系的角度分析金融市场的作用。

金融市场对于经济增长具有积极的促进作用。在市场经济中,资金的有效配置可以促进生产要素的优化配置。金融市场提供了一个高效的资金流动平台,使得资金可以从闲置的资源转移到需要资金的领域,从而促进了资源的有效配置。这种资源的有效配置有助于提高生产率,推动经济的增长。例如,企业通过金融市场融资进行生产经营,可以扩大规模、更新设备、拓展市场,从而促进经济的增长。

金融市场对于经济稳定性的维护也具有重要意义。金融市场的稳定与否直接影响着整个经济体系的运行。金融市场的稳定性可以提高投资者和消费者的信心,促进投资和消费的增长,从而稳定整个经济体系。同时,金融市场也是风险管理的重要平台,通过金融工具如保险、期货等,可以对冲风险,降低经济波动的程度,维护经济的稳定。例如,金融市场中的期货合约可以帮助企业锁定商品价格,降低价格波动带来的经营风险,从而提高企业的稳定性。

金融市场对于社会养老体系的稳定性也有着不可替代的作用。金融市场提供了多样化的养老金融产品,如养老保险、养老基金等,为个人和家庭提供了养老资金的保障。通过金融市场的投资,个人可以实现资金的增值,为自己的养老生活提供更多的保障。同时,金融市场的发展也为养老基金等机构提供了更多的投资渠道,帮助其实现资产的增值,保障养老金的支付。

然而,虽然金融市场对经济增长和社会养老体系的稳定性具有重要作用,但也存在着一些问题和挑战。首先,金融市场的不稳定性可能会导致金融危机的发生,对经济造成严重的冲击。例如,2008年的全球金融危机就是由金融市场的不稳定性引发的,导致了全球范围内的经济衰退。其次,金融市场的发展可能会加剧贫富差距,导致社会不稳定。金融市场的投资机会往往更多地集中在富人手中,而普通民众往往因为缺乏投资知识和资金而无法享受到金融市场发展带来的红利。

综上所述,金融市场对于经济增长和社会养老体系的稳定性具有重要作用。通过促进资源的有效配置、维护经济的稳定和提供养老金融产品,金融市场为经济的繁荣发展和社会的稳定做出了积极贡献。然而,消费者需要警惕金融市场的不稳定性和贫富差距带来的风险,采取有效措施加以防范和化解。

第四节　金融创新案例

一、区块链技术在养老金管理中的应用

养老金管理是一个国家经济和社会的重要组成部分。随着人口老龄化问题日益严重,养老金管理的透明度、效率和安全性成为亟须解决的问题。在这一背景下,区块链技术作为一种去中心化、不可篡改、透明的分布式账本技术,被广泛认为是解决养老金管理问题的一种有效手段。

区块链技术可以提高养老金管理的透明度。传统的养老金管理中存在着信息不对称的问题,导致管理者和参与者之间的信任缺失。而区块链技术的去中心化特性使得所有参与方都可以共享同一份完整的、不可篡改的账本,从而实现了信息的透明共享。所有的交易和操作都将被记录在区块链上,并且一旦记录就无法被篡改,这保证了数据的真实性和可信度。管理者和参与者可以通过区块链实时查看养老金的运作情况,从而增加了透明度,减少了信息不对称带来的信任问题。

区块链技术可以提高养老金管理的效率。传统的养老金管理往往需要大量的人力和时间来进行数据的处理和核实,而区块链技术可以通过智能合约等技术手段实现自动化的管理和执行。智能合约是一种以代码形式存在的自动化合约,可以在预先设定的条件满足时自动执行相应的操作。通过将养老金管理规则编写成智能合约,可以实现自动化的养老金发放、账户管理、投资操作等,大大减少了人力成本和时间成本,提高了管理效率。

区块链技术还可以减少养老金管理中的欺诈和错误。传统的养老金管理往往面临着数据造假、篡改等问题,而区块链技术的不可篡改性和去中心化特性可以有效防止数据的篡改和欺诈行为。所有的交易和操作都将被记录在区块链上,并且需要多个节点的验证才能被确认,这保证了数据的安全性和可信度。一旦有人试图篡改数据,就会立即被其他节点发现并拒绝验证,从而有效防止了欺诈和错误的发生。

二、智能合约的养老金发放

智能合约的养老金发放是一项利用区块链技术和智能合约来管理和分发养老金的创新方式。传统的养老金系统存在着诸多问题,包括中心化管理容易导致的信任问题、操作成本高昂、流程烦琐等。而智能合约技术的引入,可以有效地解决这些问题,实现养老金发放的自动化、透明化和安全性。

智能合约技术的最大优势在于其去中心化和不可篡改的特性。智能合约是一种以代码形式存在于区块链上的自动执行合约,它们的执行不受任何单一机构的控制,而是由网络中的所有节点共同验证和执行。这意味着养老金的发放不再依赖于传统金融机构或政府部门,而是由智能合约自动执行,从而消除了信任问题和人为干预的可能性;而且,一旦智能合约部署在区块链上,其代码将无法被篡改,确保了养老金发放的安全性和可靠性。

智能合约的自动化执行可以大大提高养老金发放的效率和准确性。传统的养老金发放涉及多个环节,包括信息收集、审核、计算和支付等,需要大量的人力和时间。而借助智能合约,所有的流程都可以被编码成程序,并在区块链上自动执行,完全不需要人为干预。这不仅可以大大缩短养老金发放的周期,减少操作成本,还可以避免由于人为失误而导致的支付延迟或错误。

智能合约还可以实现养老金发放的个性化和透明化。智能合约可以根据参与者的需求和条件自动调整养老金的发放额度和周期,实现个性化定制。同时,所有的养老金发放记录都将以不可篡改的方式记录在区块链上,任何人都可以随时查看,确保了发放的透明度和公正性,避免了信息不对称和潜在的舞弊行为。

智能合约的养老金发放也可以为养老金体系的未来发展带来更多可能性。随着区块链技术和智能合约的不断发展,未来还可以进一步探索基于智能合约的养老金管理模式,例如,利用智能合约实现养老金的投资和理财,提高养老金的收益率;或者利用智能合约实现养老金的跨境支付,方便国际间养老金的发放和管理等。

综上所述,智能合约的养老金发放是一种创新的养老金管理方式,可以有效地解决传统养老金系统存在的诸多问题,实现养老金发放的自动化、透明化和安全性,为养老金体系的未来发展提供更多可能性。随着区块链技术和智能合约的不断发展,相信智能合约的养老金发放将会在未来得到更广泛的应用和推广。

三、人工智能在养老理财中的应用

人工智能(AI)在各个领域的应用已经成为当今社会的一大趋势,其中便包括养老理财。养老理财作为人们重要的生活规划之一,直接关系到个人未来的财务安全和生活品质。传统的养老理财方式往往受制于个人经验、专业知识和市场波动,但是随着人工智能技术的不断发展,AI在养老理财中的应用为人们提供了更加智能化、个性化的服务。

AI技术在养老理财中的应用主要体现在个性化的理财建议和投资管理服务上。通过对客户的财务状况、风险偏好、养老期望等方面进行全面的数据分析和挖掘,人工智能可以为每位客户量身定制专属的养老理财方案。AI系统可以通过大数据分析和机器学习算法,实现对市场的深度解析和预测,从而为客户提供更加准确、有效的投资建议。而且,AI系统还可以根据市场的实时变化,动态调整客户的投资组合,以应对不断变化的市场风险,从而保障客户的养老资金安全。

人工智能技术还可以通过智能化的风险管理和资产配置,提高养老理财的稳健性和收益性。传统的养老理财往往面临着风险管理和资产配置方面的挑战,但是AI系统可以通过对市场数据和风险因素的深度分析,及时发现和应对潜在的风险,从而降低投资风险并提高资产配置的效率。此外,AI系统还可以通过智能化的资产配置策略,优化客户的投资组合,实现资产的多样化配置和风险的有效分散,从而最大限度地提高投资组合的整体收益和稳健性。

人工智能技术在养老理财中的应用还可以为客户提供更加便捷和高效的服务体验。传统的养老理财往往需要客户花费大量的时间和精力去了解市场信息、分析投资产品、制定投资策略等,但是有了AI系统的智能化服务,客户可以通过智能理财平台轻松获取个性化的投资建议和管理服务,无需专业的金融知识也能够轻松实现养老理财目标;而且,AI系统还可以通过智能化的客户管理和交互系统,及时响应客户的需求和问题,提供更加全面、个性化的服务支持,从而提高客户的满意度和忠诚度。

人工智能在养老理财中的应用为客户提供了更加智能化、个性化和便捷的服务体验,不仅可以帮助客户实现养老财务安全和生活品质的提升,还可以提高整个养老理财行业的效率和竞争力。随着人工智能技术的不断发展和应用,相信在未来的养老理财领域,人工智能将发挥越来越重要的作用,为人们的养老生活提供更加智慧化的支持和保障。

四、养老金融科技平台

养老金融科技平台是近年来在金融科技领域中备受关注的新兴业态之一。养老金融科技平台的出现填补了传统养老金融服务的空白,为广大老年人提供了更加便捷、高效的金融服务,促进了养老金融行业的发展与升级。

养老金融科技平台提供了一站式的养老金融服务。传统的养老金融服务往往分散在不同的机构和渠道中,老年人需要花费大量的时间和精力去了解和选择,而养老金融科技平台则通过在线平台集成了各种养老金融服务,包括养老金融咨询、投资产品推荐、养老金融产品购买以及资产管理等,为老年人提供了便捷的一站式服务,大大节省了他们的时间和精力。

养老金融科技平台利用大数据和人工智能等前沿技术为老年人提供个性化的金融服务。通过对用户的个人信息、财务状况、偏好和风险承受能力等进行全面分析,养老金融科技平台能够为每位用户量身定制适合其需求和风险偏好的养老金融方案,为其提供更加个性化、精准的金融服务。

养老金融科技平台为老年人提供了更加安全可靠的金融服务。传统的养老金融服务存在信息不对称、风险难以评估等问题,而养老金融科技平台利用区块链等技术手段确保了交易的安全可靠,保护了老年人的合法权益,提升了金融服务的信任度和可靠性。

养老金融科技平台还可以为老年人提供更加智能化、便捷化的资产管理服务。通过智能投顾、智能资产配置等技术手段,养老金融科技平台能够为老年人提供全天候的资产管理服务,实时监测资产状况,及时调整投资组合,帮助老年人实现资产增值,保障其养老生活质量。

总的来说,养老金融科技平台的出现为老年人提供了更加便捷、个性化、安全可靠的养老金融服务,推动了养老金融行业的发展与升级,有助于缓解人口老龄化带来的养老压力,促进社会的可持续发展。

五、绿色养老金融产品

随着全球气候变化和环境问题的不断加剧,人们对于可持续发展的意识不断增强。在这种情况下,绿色养老金融产品应运而生,成为一种符合时代潮流的金融工具。这些产品不仅有助于个人实现养老规划,更重要的是,它们还可以促进环境保护、强化社会责任。

绿色养老金融产品是一种结合了金融投资与环境责任的创新产品。它们旨在将个人的养老金投资用于支持环境友好型项目和企业,以推动可持续发展。这些产品可能涉及投资于可再生能源、清洁技术、环保工程、碳排放减少项目等领域,以及那些致力于社会责任和可持续发展的企业。

绿色养老金融产品对于环境和社会的影响是积极的。通过投资于环保项目和企业,这些产品有助于减少碳排放、推动可再生能源的发展、改善环境质量,并且可能创造更多的就业机会,提高社会福利水平。与传统的养老金融产品相比,绿色养老金融产品更具有可持续性和社会责任感,符合现代人对于投资目标的追求。

绿色养老金融产品的推出和发展需要政府、金融机构和社会各界的共同努力。政府可以通过制定相关政策和法规,为绿色养老金融产品的发展提供支持和引导。金融机构可以开发和推广这些产品,提供投资渠道和服务,并且加强对环保项目和企业的风险评估和监管。同时,社会各界也应该积极参与,提高对绿色养老金融产品的认识和接受度,推动其在市场上的普及和发展。

绿色养老金融产品的发展还需要解决一些挑战和障碍。首先是信息不对称和透明度不足,投资者往往难以获得有关环保项目和企业的准确信息和数据,这可能影响他们的投资决策;其次是风险和回报的平衡问题,虽然绿色养老金融产品具有一定的社会责任性,但其投资回报率可能相对较低,这对一些投资者来说可能不够吸引;最后还存在着市场认可和标准化的问题,缺乏统一的评估标准和认证机构,使得绿色养老金融产品的市场发展受到限制。

为了推动绿色养老金融产品的发展,需要采取一系列措施。首先是加强政策支持,包括制定相关法规和标准,建立绿色金融体系,推动绿色投资和创新;其次是提高信息透明度,为投资者提供准确、全面的信息,增强其对绿色养老金融产品的信心和认可度;再次,需要加强市场监管和风险管理,确保绿色养老金融产品的安全性和可靠性,减少投资风险;最后,还需要加强国际合作,共同推动全球绿色金融发展,实现可持续发展的共同目标。

综上所述,绿色养老金融产品是一种符合可持续发展目标的创新金融工具,具有重要的意义和潜力。通过推动其发展,可以促进环境保护、强化社会责任,实现经济增长与环境保护的良性循环,推动全球可持续发展进程。然而,要实现这一目标,需要政府、金融机构和社会各界的共同努力,克服各种挑战和障碍,推动绿色养老金融产品在市场上的普及和发展。

第六章 政策与法律框架

在第六章中,我们将深入探讨政策与法律框架对消费养老意愿与企业行为的影响。通过对相关政策的全面概述,本章旨在揭示政策如何塑造消费养老的现状与发展趋势。本章分析了各种政策对消费养老意愿的直接和间接影响,包括政府的激励措施、税收优惠以及对企业提供养老服务的规定和支持。本章还探讨了现行法律对养老服务市场的规范作用,强调了法律框架在保护消费者权益、促进市场公平竞争中的关键作用。最后,本章提出了对当前政策和法律框架的改进建议,旨在为制定者提供建议,以更好地满足老年人的养老需求,同时促进养老服务市场的健康发展。

第一节 相关政策概述

一、政策背景与发展

消费养老政策在各国政策议程中逐渐占据重要位置,这一现象背后是人口老龄化、家庭结构变化以及经济发展的深刻影响。随着时间的推移,相关政策在不同国家的制定、调整和实施经历了许多关键事件和转折点。

人口老龄化是推动消费养老政策发展的重要背景因素。随着医疗技术和卫生条件的改善,人类的平均寿命不断延长,导致全球范围内人口老龄化问题日益突出。在这种情况下,传统的家庭养老模式难以满足老年人的需求,因此需要政府介入,提供相应的养老服务和保障。这为消费养老政策的出台提供了客观条件。

经济发展水平和社会变革也对消费养老政策的发展产生了重要影响。随着经济的发展,人们的生活水平提高,对于老年人的健康和福祉关注程度不断提升。同时,家庭结构的变化,如核心家庭减少、家庭关系日益松散等,使得传统的家庭养老模式面临挑战。这些社会变革要求政府介入,提供更为完善的养老服务和保障体系,以应对老龄化社会的挑战。

在消费养老政策的发展历程中,有一些关键事件和转折点值得关注。20世纪以来的一系列重大社会变革,如"二战"后的经济重建、60年代的人口爆发、80年代以来的经济全球化等,都对养老模式和政策产生了深远影响。20世纪末以来,各国相继出台了一系列促进老年人健康和福祉的政策和法规,包括养老金制度、医疗保障制度、长期护理保险制度等。这些政策的出台,标志着消费养老政策逐渐成为各国政策议程中的重要组成部分。近年来,随着科技的发展和经济的变革,一些新型的消费养老服务模式不断涌现,如智慧养老、互联网养老等,这为养老政策的创新和完善提供了新的契机。

总的来说,消费养老政策的发展是历史的必然,是社会变革和经济发展的产物。在未来,随着人口老龄化问题的进一步加剧和社会经济的持续发展,消费养老政策将会面临更多的挑战和机遇。政府需要不断完善政策措施,提高养老服务的质量和覆盖范围,促进老年人健康、幸福的生活,实现老龄化社会的可持续发展。

二、政策目标与原则

政府在制定消费养老相关政策时的首要目标是保障老年人的基本生活需求。随着人口老龄化程度的加剧,许多老年人面临着生活困境,如收入不足、医疗费用高昂等问题。因此,政府需要通过制定政策,确保老年人有足够的经济来源来满足其基本生活需求,包括食品、住房、医疗保健等方面的支出。

政府追求的目标之一是促进老年人的社会参与和自我实现。老年人是社会的重要组成部分,他们拥有丰富的人生经验和知识,应该被充分重视和利用。因此,政府需要通过消费养老政策,为老年人提供更多的社会参与机会,包括文化活动、教育培训、志愿服务等,以促进他们的身心健康和社会融入感。

政府在制定消费养老政策时还应考虑老年人的个性化需求。由于老年人群体的多样性,他们的生活方式、健康状况、经济实力等各方面存在差异。因此,政府需要通过差异化的政策措施,满足老年人不同的需求,包括不同收入水平的老年人、城乡老年人、残疾老年人等。

在制定消费养老政策的基本原则和理念方面,首先需要强调的是可持续性原则。随着人口老龄化问题的加剧,消费养老政策需要具有长期稳定性和可持续性,以确保长期为老年人提供支持和保障。

政策的公平性原则也很重要。消费养老政策应该公平地为所有老年人提供服务和支持,不应该因为个人背景、收入水平或地域差异而存在歧视。公平性原则是社会公正的基础,也是消费养老政策的核心价值所在。

政策的灵活性和适应性也是制定消费养老政策时需要考虑的重要原则。随着社会经济的发展和老年人需求的变化,政策应该具有一定的灵活性,能够及时调整和适应新的情况和需求,以确保政策的有效性和可持续性。

政策的参与性原则也值得重视。消费养老政策的制定应该充分考虑老年人和利益相关者的意见和建议,建立起政府、老年人和社会各界之间的有效沟通和合作机制,共同推动消费养老事业的发展。

三、政策范围与受益者

政策的制定旨在解决特定问题或促进特定领域的发展,因此明确政策的范围和受益者有助于政策的实施和评估,确保其达到预期的效果,同时也能够明晰政府的政策方向,提高政策的可持续性和针对性。

政策的范围通常指政策所涉及的领域或范围,以及政策所针对的问题或挑战。这个范围可能涉及经济、社会、环境等多个方面,取决于政策的性质和目的。例如,一项经济政策可能涉及财政、货币、税收等方面,而一项社会政策可能涉及教育、医疗、福利等方面。

在确定政策范围的同时,也需要明确政策的受益者。政策的受益者是指直接从政策中获益的个人、群体或组织。这些受益者可能是政府、企业、民众等不同的利益主体。在确定主要受益者时,通常会考虑其在问题或领域中的地位、权益和需求。例如,一项教育政策的主要受益者可能是学生和家长,而一项环境保护政策的主要受益者可能是公众和生态系统。

另外,政策的范围和受益者也需要考虑政策的覆盖范围和影响面。政策的覆盖范围可能是全国范围、地区范围或特定群体范围,这取决于政策的性质和目标。影响面则涉及政策对经济、社会、环境等方面的影响,包括其直接影响和间接影响。在制定政策时,需要充分考虑这些影响,确保政策能够实现预期的效果,同时最大限度地减少负面影响。

综上所述,政策范围与受益者的概述是政策制定和实施过程中的重要内容。明确政策的范围和受益者有助于政策的目标明确、效果评估和社会各方的参与和支持,从而推动政策的顺利实施和持续改进。

四、政策工具与手段

消费养老政策旨在应对人口老龄化、促进老年人生活品质提升和社会经济可持续发展等挑战,政府在实施这一政策时采取了一系列具体政策工具和手段。这些工具和手段涵盖了财政、税收、社会保障等方面,旨在为老年人提供更好的生活条件,推动养老服务业发展,促进社会各界共同参与养老事业。

财政补贴是政府实现消费养老政策目标的重要手段之一。政府通过向养老服务提供者提供财政补贴,降低其经营成本,推动养老服务业的发展,提高服务质量。这些补贴可以用于设施建设、人员培训、设备更新等方面,从而提升养老服务水平,满足老年人多样化的需求。此外,政府还可以通过向个人提供养老金补贴等方式,直接帮助老年人提高生活水平,减轻其经济压力,增强其消费能力。

税收优惠是政府引导和促进养老服务业发展的重要政策工具之一。政府可以对养老服务企业的利润实行减税或免税政策,降低其税负,增强其盈利能力,激励其提供更多更优质的养老服务。此外,政府还可以通过对养老服务设施的建设和运营给予税收优惠,吸引更多的投资者参与养老服务业,促进其健康发展。同时,政府还可以对个人的养老储蓄、消费等给予税收优惠,鼓励其增加养老储蓄,提高消费水平,促进养老产业链的良性循环。

社会保障制度也是实现消费养老政策目标的重要保障。政府可以通过建立健全的养老保险制度,为老年人提供基本的养老保障,确保其基本生活水平。同时,政府还可以通过提高养老金水平、延长养老保险覆盖年限、扩大养老保险参保范围等方式,进一步完善养老保障制度,提升老年人的生活品质。此外,政府还可以通过建立长期护理保险制度,为有需要的老年人提供长期护理服务,减轻其家庭负担,促进养老服务业的发展。

除了以上政策工具和手段外,政府还可以通过制定相关法律法规、出台政策文件、加强监管执法等方式,营造良好的养老服务环境,规范养老服务市场秩序,保障老年人的合法权益。同时,政府还可以通过加强与社会各界的合作与沟通,充分发挥社会力量的作用,共同推动养老服务业的发展,为老年人提供更好的生活服务。

五、政策效果评估

相关政策的效果评估是政府在制定和执行政策过程中重要的一环。在消费养老市场,政策的实施效果直接影响到老年人的生活质量、养老服务的供给和需求匹配等方面。在对政策效果进行评估时,需要综合考虑各个方面的情况,包括政策的成功案例、存在的问题以及这些问题对消费养老市场的影响。

在过去的几年里,一些地区或国家实施了一系列政策,通过鼓励和支持民间资本投入养老服务产业,推动了消费养老市场的发展。这些政策包括税收优惠、财政补贴、土地使用权政策等,为私人企业提供了更多的投资和经营养老服务的动力。这种政策的效果是,养老服务供给的多样性和质量得到提升,老年人享受到了更多更好的养老服务,市场也呈现出了良好的发展态势。

然而,虽然有一些成功案例,但消费养老市场仍然存在着许多问题。首先,养老服务的供给不足是一个普遍存在的问题。随着人口老龄化趋势的加剧,老年人口增长迅速,但养老服务的供给并没有跟上需求的增长。这导致了养老服务资源的紧缺,一些老年人面临着养老服务不足的困境。其次,养老服务的质量参差不齐也是一个突出的问题。一些养老机构存在管理不善、服务质量低下的情况,老年人的权益难以得到有效保障。最后,养老服务的费用高昂也是一个影响老年人选择的重要因素。一些老年人由于经济条件有限,无法承担高昂的养老服务费用,导致无法享受到优质的养老服务。

这些问题对消费养老市场产生了重要影响。首先,养老服务供给不足和质量参差不齐导致了市场的不健康竞争,一些不法机构通过降低成本、提供低质量服务来获取利润,损害了老年人的利益和市场的声誉;其次,养老服务费用高昂导致了一部分老年人无法享受到养老服务,这不仅影响了他们的生活质量,也限制了市场的发展潜力;最后,养老服务市场的不完善也影响了民间资本的投入,一些投资者由于市场风险大、回报低而望而却步,导致了市场资源配置的不合理。

综上所述,消费养老市场的政策效果评估是一个复杂而又重要的课题。政府需要不断优化政策措施,加大对养老服务产业的扶持力度,促进养老服务供给的多样化和质量的提升,为老年人提供更好的养老服务。同时,政府还应加强对养老服务市场的监管,打击违法行为,维护老年人的合法权益,保障市场的健康发展。只有这样,才能实现消费养老市场的良性循环,为老年人创造一个安全、舒适、便利的养老环境。

第二节 政策对消费养老的影响

一、经济影响分析

政策会直接影响个人和家庭的养老策略选择、金融机构的产品创新以及整个养老服务产业的发展方向。因此,深入分析政策对消费养老的经济影响,有助于我们更好地理解养老市场的运行机制,并提出相应的政策建议。

政策在消费养老市场中的经济影响体现在消费模式的变化上。通过国家层面的养老金政策,可以促进个人养老储蓄的积累,提高老年人的生活保障水平。比如,政府可以出台税收优惠政策,鼓励个人和企业增加养老金的储蓄额度;或者通过发放养老金补贴来提高低收入老年人的生活品质。这些政策的实施,会直接影响到个人和家庭的养老储蓄行为,推动消费模式从传统的依赖子女赡养向个人储蓄和商业养老保险转变。

政策还会对消费养老市场的投资与市场规模产生重要影响。政府可以通过金融市场的监管政策来引导资金流向养老产业。比如，鼓励保险公司推出养老金产品，提高产品的灵活性和收益率，吸引更多的个人投资者参与；或者通过设立专项基金支持养老服务产业的发展，提高行业的投资吸引力；此外，政府还可以通过建立养老服务标准和监管机制，提高养老服务行业的信誉度和市场透明度，吸引更多的企业和个人投资养老服务市场。这些政策的实施，将直接促进养老服务产业的发展，扩大市场规模，提高服务质量，为老年人提供更多更好的养老选择。

总的来说，政策对消费养老的经济影响主要体现在消费模式的变化和投资与市场规模的变化上。通过建立健全的养老金制度、引导资金流向养老产业、制定养老服务标准等政策措施，政府可以促进养老市场的健康发展，提高老年人的生活品质，实现社会长期可持续发展的目标。因此，政府应该密切关注消费养老市场的变化，及时调整政策措施，为养老服务产业的发展提供更好的政策环境和政策支持。

二、社会影响考量

政策对消费养老的影响在社会层面具有深远影响，涉及社会福祉、老年人生活质量以及社会包容性等方面。

政策对社会福祉的影响是显而易见的。消费养老政策的制定和实施直接关系到社会福利资源的分配、社会保障体系的健全与完善等。一方面，政府出台的支持消费养老的政策，如提供长期护理保险、养老金补贴、医疗服务优惠等，可以提高老年人的福利水平，减轻他们的经济负担，提高整个社会的福祉水平；另一方面，政策的缺失或不完善可能导致老年人福利的不公平分配，增加老年人的生活压力，影响整个社会的稳定与和谐。

政策对老年人生活质量的影响也很重要。消费养老政策的优化能够改善老年人的生活品质，提升他们的生活水平和幸福感。例如，政府通过提供更多的养老服务设施、优化医疗保健体系、加强老年人文化娱乐活动等措施，可以满足老年人多样化的需求，提高他们的生活质量。相反，政策的不完善或者执行不到位可能导致老年人服务供给不足、服务质量低下，从而影响老年人的生活满意度和幸福感。

政策对社会包容性的影响也值得关注。消费养老政策的制定需要考虑不同群体的需求和利益，以确保老年人的权益得到保障，促进社会的包容性发展。例如，政府应当关注到贫困老年人、残疾老年人等特殊群体的需求，采取针对性的政策措施，保障他们的基本生活权利，促进社会的公平与正义。此外，政府还应鼓励社会各界参与到消费养老服务中来，促进社会资源的共享与利用，增强社会的凝聚力和包容性。

综上所述，政策对消费养老的影响不仅仅局限于经济层面，更涉及社会福祉、老年人生活质量以及社会包容性等多个方面。只有通过科学合理的政策制定和有效的政策实施，才能更好地满足老年人的多样化需求，促进社会的和谐稳定发展。因此，政府应当加强政策研究和实践探索，不断完善和优化消费养老政策，为老年人提供更好的福利保障和生活服务，推动构建一个更加和谐、包容的社会。

三、技术创新与推广

政策对养老服务技术创新的影响不可忽视。随着养老服务需求的增加，政府和相关部门逐渐意识到传统的养老模式已经无法满足日益多样化的养老需求。因此，政策制定者开始着眼于促进养老服务领域的技术创新。通过制定相关政策，如提供资金支持、鼓励企业和科研机构开展技术创新、加强行业标准化建设等，政府可以有效推动养老服务技术的创新和应用。例如，在智能化养老方面，政府可以鼓励企业研发智能化养老设备和服务，同时提供税收优惠等政策支持，以促进智能化养老技术的创新和推广应用。

政策对新技术推广应用的作用也十分重要。随着科技的不断进步，新技术在养老服务领域的应用呈现出日益广泛和多样化的趋势。然而，由于新技术的推广应用往往需要面临诸多挑战，如技术成本高昂、市场认可度不足、政策环境不利等，因此政府的政策支持显得尤为重要。政府可以通过制定相关政策，如提供技术培训、加大对新技术推广应用的财政支持、简化审批程序等，为新技术的推广应用营造良好的政策环境。比如，在健康监测技术方面，政府可以支持医疗科技企业开发智能健康监测设备，并将其纳入养老服务体系，为老年人提供更便捷、精准的健康监护服务。

除了直接的政策支持外,政府还可以通过建立产业联盟、加强国际合作等方式,推动养老服务技术的创新和应用。通过建立产业联盟,政府可以促进产学研用深度融合,激发企业和科研机构的创新活力,加快养老服务技术的研发和应用。同时,政府还可以加强国际合作,借鉴和引进国外先进的养老服务技术和经验,为我国养老服务技术的创新和应用提供更广阔的发展空间。

综上所述,政策对消费养老的影响主要体现在推动养老服务技术的创新和新技术推广应用方面。通过制定相关政策,政府可以为养老服务技术的创新和应用提供政策支持,促进养老服务行业的发展,满足老年人日益增长的养老需求,推动社会养老事业的可持续发展。

四、制度完善与协调

政策导向下的制度完善是消费养老的基础。政府出台的一系列政策文件,为消费养老提供了制度保障。首先,政策在法律层面确立了养老服务的基本权利和义务,保障老年人的合法权益,激发了社会各界对养老事业的关注;其次,政策为养老机构提供了规范和指引,推动了养老服务的标准化和专业化。这种制度完善为消费养老提供了良好的环境和保障,促进了行业的健康发展。

然而,政策制度的完善还存在一些问题。首先,政策法规在实施过程中存在执行不到位的情况,导致了部分地区和机构养老服务质量参差不齐等乱象;其次,政策体系仍然存在滞后性和不足之处,尚未能够完全适应快速变化的养老需求和新兴业态;最后,政策的制定和调整过程中缺乏对各方利益的充分考量,导致了政策的实际效果不尽如人意,甚至出现了一些利益冲突和纠纷。这些问题制约了消费养老行业的发展,也影响了老年人的生活质量和社会和谐稳定。

除了制度完善外,政策还需要在协调方面发挥更大的作用。消费养老涉及多个领域和利益主体,需要政府在政策制定和执行过程中做好各方协调工作,促进全社会共同参与养老事业。首先,政府应加强与行业协会和专业机构的沟通与合作,充分倾听和吸纳各方意见,形成政策共识,提高政策执行的有效性和针对性；其次，政府需要加强与金融机构和企业的合作，创造更多的养老金融产品和服务，满足老年人多样化的养老需求；最后，政府还应加强与社会组织和志愿者团体的合作，发挥其在养老服务中的重要作用，促进社区养老的发展。

政策协调中也存在一些问题。一是政府部门之间存在职责不清、协作机制不畅的情况，导致了政策执行的不协调和效率低下；二是政策协调中缺乏全局性和长远性规划，容易陷入短期行为和片面追求利益最大化的困境；三是政策协调中缺乏对不同利益主体的平衡考量，容易引发各方矛盾和冲突，影响政策的实际效果。

综上所述，政策在推动消费养老发展过程中发挥着重要作用，但也存在一些问题。为了更好地促进消费养老事业的健康发展，政府需要进一步完善制度建设，加强各方协调合作，形成政策合力，共同推动养老服务产业的发展，提升老年人的生活质量，实现全面、协调、可持续发展。

五、国际经验借鉴

消费养老是指老年人通过积累和消费资产来维持生活和养老的一种方式，已成为全球养老保障体系中的一种重要形式。随着全球老龄化问题的日益突出，各国政府纷纷制定和调整消费养老政策，以应对老龄化带来的挑战。在国际经验中，有一些成功的消费养老政策值得我们借鉴和参考。

澳大利亚的养老金制度是世界上较为成熟和成功的制度之一，其核心是强制性的个人养老金计划（Superannuation）。根据法律规定，雇主需要为员工的养老金缴纳一定比例的工资，而员工也可以选择自愿增加缴纳。这种制度的优势在于可以让老年人在退休后拥有足够的养老金来维持生活，减轻了政府的养老负担。这种强制性的个人养老金制度可以为其他国家提供借鉴，尤其是那些养老保障体系不健全的国家。

新加坡的长期护理保险（Long-term Care Insurance，LTCI）也是一个成功的案例。新加坡的LTCI制度旨在为老年人提供长期护理服务，包括家庭护理、社区护理和机构护理等。该制度采取了强制性的参与方式，其优势在于可以提供全方位的长期护理服务，从而满足老年人多样化的养老需求。其他国家可以从新加坡的经验中学习,建立健全的长期护理保险制度,提升老年人的生活质量。

另外,丹麦的退休金制度也是一个成功的典范。丹麦的退休金制度包括基本养老金和额外养老金两部分。基本养老金由政府提供,保障所有老年人的最低生活水平;额外养老金则是通过职业年金、个人储蓄账户等方式积累的。这种多层次的退休金制度可以保障老年人的基本生活,同时也鼓励个人自主储蓄,为退休生活提供额外保障。其他国家可以借鉴丹麦的经验,建立多元化的退休金制度,提高养老保障的可持续性和灵活性。

总的来说,国际上成功的消费养老政策具有一些共同的特点,如强制性参与、多层次保障、多样化服务等。这些经验可以为其他国家提供借鉴和改进方向,帮助其建立健全的消费养老体系,更好地应对老龄化挑战。同时,我们也需要根据本地实际情况,结合国际经验,制定和调整适合本地的消费养老政策,为老年人提供更加可持续、全面和优质的养老保障服务。

第三节 法律支持与规范

一、法律体系概述

为了保障老年人的合法权益,促进消费养老产业的健康发展,各国纷纷出台了一系列法律法规,构建了相应的法律体系框架。

支持消费养老的法律体系的整体框架通常包括多个方面:老年人权益保障法律、消费者权益保护法律、金融服务法律、养老服务法律等。这些法律通过不同的条款和规定,保障老年人在消费养老过程中的权益,规范相关市场行为,促进养老产业的健康有序发展。

老年人权益保障法律是支持消费养老的重要组成部分。这类法律的主要目的是保障老年人的基本权益,包括生存权、健康权、医疗权、社会保障权等。这些法律规定了老年人在养老过程中的权利和义务,要求相关机构和个人尊重老年人的人格尊严,保障其合法权益不受侵犯。

消费者权益保护法律也是支持消费养老的重要法律基础。这类法律的目的是保护包括老年人在内的消费者的合法权益。这些法律规定了消费者在购买商品或接受服务过程中的权利和义务,要求相关经营者提供真实、有效的信息,保障消费者的知情权和选择权,维护其合法权益。

金融服务法律是支持消费养老的另一个重要方面。随着金融市场的发展,老年人通过投资理财来增加养老收入的现象越来越普遍。因此,各国相继出台了一系列金融服务法律,旨在保护金融消费者的权益,规范金融市场秩序,防范金融风险,促进金融服务的可持续发展。

养老服务法律则是支持消费养老的另一重要法律保障。随着老龄化社会的到来,养老服务需求不断增加,因此各国相继出台了一系列养老服务法律,以规范养老服务市场,保障老年人的生活质量和安全,推动养老服务业的发展。

这些法律通过各自的作用机制,共同构建了支持消费养老的法律体系框架。具体来说,这些法律通过规定相关的权利和义务,约束市场主体的行为,保护消费者的合法权益,推动养老产业的健康发展。同时,政府部门和监管机构还应加强对这些法律的执行和监督,及时解决在实践中出现的问题,确保法律的有效实施。只有这样,才能更好地支持消费养老,促进老年人幸福安康的晚年生活。

二、法律权益保护

在当代社会,老年消费者群体的增长引发了对其权益保护的日益关注。法律在此方面扮演着重要的角色,通过消费者权益保护法等相关规定,保障老年消费者的合法权益。在法律支持与规范的框架下,老年消费者享有一系列权益保护,涉及购物、服务、信息、安全等多个方面。

消费者权益保护法作为保护老年消费者的主要法律依据,规定了一系列保护措施。该法明确了老年消费者享有公平交易、知情权、选择权等基本权益。在商品购买环节,老年消费者有权要求商品质量符合国家标准,享有七天无理由退货等权利。同时,服务过程中,老年消费者也享有服务内容明确、质量可靠的权益保护。此外,对于广告欺诈、虚假宣传等不正当行为,消费者权益保护法也做出了明确规定,保护老年消费者免受不良商业行为的侵害。

除了消费者权益保护法外,相关法律法规还对老年消费者的特殊需求做出了更为具体的规定。比如,针对老年人购买保健品、医疗器械等特殊商品,相关法规规定了更严格的监管措施,以确保老年消费者的安全和权益。在金融服务领域,针对老年人容易受到金融诈骗的特点,相关法律规定了加强金融消费者保护的措施,保障老年人的财产安全。

除了法律规定外,政府部门和社会组织也积极开展老年消费者权益保护工作。建立老年消费者维权机构、设立投诉举报热线、开展消费者权益宣传教育等举措的实施,都有助于提高老年消费者的权益保护意识,加强对不法商家的监管和打击。

然而,现实中仍存在一些问题和挑战,影响着老年消费者的权益保护。首先是法律执行不到位问题。尽管有相关法律法规,但由于监管力度不足、执法效率低等原因,一些不法商家仍然存在违法行为。其次是老年人自身权益保护意识不强。部分老年消费者缺乏法律常识和消费技巧,容易受到不法商家的欺骗和侵害。最后是消费环境不够友好。一些商家未能提供老年友好型服务,如无障碍设施、友好的退换货政策等,影响了老年消费者的消费体验和权益保护。

综上所述,法律在保护老年消费者权益方面发挥着重要作用,通过消费者权益保护法等相关规定,为老年消费者提供了广泛的权益保护。然而,要进一步加强老年消费者权益保护,还需要加强法律执行力度,提高老年消费者的权益保护意识,改善消费环境,共同营造安全、放心、便利的消费环境,促进老年消费者的健康消费和社会参与。

三、合规要求与监管

养老服务行业作为社会关注的重点领域之一,其合规要求与监管机制显得尤为重要。在各国的法律体系中,养老服务提供者必须遵守一系列法律法规,以保障老年人的权益和提供优质的服务。同时,政府和相关部门也需要建立有效的监管机制,确保养老服务行业的稳健发展和老年人的福祉。

养老服务提供者需要遵守的法律合规要求涉及多个方面。其中,最重要的是保障老年人的权益和安全。在大多数国家,相关法律法规规定了养老服务提供者应当提供安全、健康、舒适的居住环境，保障老年人的生活质量。此外，法律还规定了养老服务提供者应当遵循的服务标准和行业规范，例如，提供饮食营养、医疗保健、文化娱乐等方面的服务，确保老年人得到全面的照顾和关爱。

除了保障老年人的权益外，养老服务提供者还需遵守劳动法律法规，保障员工的权益。这包括确保员工的工资福利、劳动时间、工作环境等符合法律要求，防止出现劳动纠纷和劳工权益受损的情况。同时，养老服务提供者还需遵守财务管理和会计法规，确保资金使用合法合规，防止财务风险和经济犯罪行为发生。

另外，养老服务提供者还需关注个人信息保护和数据安全方面的法律合规要求。随着信息技术的发展，越来越多的养老服务涉及个人信息的收集、存储和处理，因此必须遵守相关的数据保护法律法规，保护老年人的个人隐私和数据安全。

针对以上法律合规要求，各国政府都建立了相应的监管机制，以确保养老服务行业的规范运作和老年人的权益得到保障。监管机制通常由相关部门或机构负责，包括社会福利部门、卫生部门、劳工部门等。这些部门会制定相应的监管标准和指导意见，对养老服务提供者进行定期检查和评估，发现问题及时进行整改和处理。

监管机制的主要职责包括监督养老服务提供者的服务质量、设施设备、人员配备等方面是否符合法律要求，以及监督其经营管理和财务运作是否合规。对于违反法律法规的养老服务提供者，监管部门有权采取相应的处罚措施，包括警告、罚款甚至吊销经营许可证等，以维护养老服务市场的秩序和老年人的利益。

此外，监管机制还应当加强对养老服务行业的信息公开和舆论监督，促进行业的透明度和公正竞争，防止不法分子和不良机构侵害老年人的合法权益。同时，政府还应当加强与社会组织、行业协会、专业机构等的合作，共同推动养老服务行业的健康发展，为老年人提供更加优质的服务。

总之，合规要求与监管机制是保障养老服务行业健康发展和老年人权益的重要保障。养老服务提供者必须严格遵守相关法律法规，政府和监管部门也需要加强监管力度,确保养老服务行业健康有序地发展,为老年人提供更好的生活服务和保障。

四、法律责任与纠纷处理

消费养老是指老年人通过支付一定费用,享受专业机构或服务提供者提供的各种养老服务,包括但不限于医疗护理、康复护理、生活照料、文化娱乐等。随着我国老龄化问题的日益突出,消费养老已经成为解决老年人养老问题的一种重要方式。然而,由于消费养老牵涉到服务提供、合同约定、财产安全等多方面问题,因此法律责任和纠纷处理在其中显得尤为重要。

对于消费养老服务提供者而言,他们有义务提供安全、合理的服务环境和服务内容。这包括保障老年人的生活安全和身体健康,提供专业的医疗护理和康复服务,保障老年人的合法权益不受侵害。如果服务提供者在服务过程中存在服务质量不合格、服务态度恶劣、服务设施不达标等问题,将面临法律责任的追究,可能需要承担赔偿责任或行政处罚。

消费养老中最常见的法律纠纷之一是合同纠纷。消费养老服务往往以合同形式签订,明确了服务内容、服务标准、服务费用等各项条款。如果服务提供者未按照合同约定提供服务,或者老年人未按照合同约定支付费用,都可能引发合同纠纷。在这种情况下,双方可以通过协商、调解、诉讼等方式解决纠纷,法院将依据合同内容和相关法律规定进行判决。

消费养老中还存在金融风险和财产安全问题。一些不法分子可能利用老年人的财产、存款进行诈骗或侵占,给老年人带来经济损失和心理困扰。针对这一问题,国家和地方政府应加强监管,建立健全消费养老服务市场的法律制度和监管体系,保护老年人的财产安全。

对于消费养老中的法律责任和纠纷处理,需要综合运用合同法、消费者权益保护法等相关法律法规,充分保障老年人的合法权益,维护社会和谐稳定。同时,老年人在选择消费养老服务时应该加强风险意识,选择有资质、信誉良好的服务机构,避免陷入法律纠纷。政府部门、社会组织、专业机构等也应加强宣传和教育,提高老年人对消费养老服务的认知和辨识能力,共同维护老年人的合法权益,推动消费养老事业健康发展。

五、法律改革与趋势

在现代社会中,法律的作用不仅是为了维护秩序和公正,也需要适应社会的发展和变革,因此不断进行法律改革是非常必要的。

当前法律体系存在着不足,其中之一是法律的滞后性。随着科技和社会的迅速发展,很多现行法律无法有效地应对新出现的问题和挑战。例如,互联网的普及给数据隐私和网络安全带来了全新的挑战,但是现行法律往往无法很好地应对这些挑战。此外,法律条文的烦琐和复杂也是一个问题,它使得普通人很难理解自己的权利和义务,进而导致法律的执行难度增加。

针对以上问题,未来的法律改革方向和趋势可能会有以下几个方面。

第一是法律的数字化和信息化。随着科技的进步,将法律文件和信息数字化是未来的一个趋势。这样可以提高法律文件的存储和检索效率,减少纸质文件的使用,同时也可以为公众提供更加便捷的获取法律信息的途径。此外,数字化还可以为法律执行提供更加有效的手段,例如通过大数据分析和人工智能技术来辅助法律判断和预防犯罪。第二是法律的简化和规范化。为了提高法律的适用性和可执行性,未来的法律改革可能会更加注重简化法律文本,减少冗长的条款和复杂的表述,使法律更加易于理解和执行。此外,还可以加强对法律的规范化管理,建立统一的法律解释和执行标准,提高法律的稳定性和可预测性。第三是法律的灵活性和包容性。随着社会的多元化和变革的加速,未来的法律改革可能会更加注重法律的灵活性和包容性,以适应不同群体和利益的需求。这包括对传统法律观念的挑战和革新,例如对于家庭关系、性别认同和人权保障等方面的法律保护可能会得到进一步的完善和扩展。最后是法律的国际化和跨界合作。随着全球化的深入发展,未来的法律改革可能会更加注重国际合作和协调,以应对跨国犯罪、跨境争端和全球性挑战。这包括加强国际法律体系的建设,建立多边合作机制,加强信息共享和执法合作,以实现法律的有效实施和全球治理的持续完善。

综上所述,当前法律体系存在一些不足之处,但通过未来的法律改革,可以有效地应对这些问题并适应社会的发展和变革。未来的法律改革可能会以数字化、简化、灵活化和国际化为主要方向,以实现法律的更加有效执行和社会的长期稳定发展。

第四节　政策建议与改进

一、增强政策透明度和公众参与度

政策透明度和公众参与度在现代治理中扮演着重要的角色。随着社会的进步和信息技术的普及,人们对政府的决策过程和政策内容提出了更高的要求。为了增强政策的社会认可度和效果,必须积极提高政策透明度,并鼓励公众参与政策制定的全过程。

政策透明度是指政府决策过程和政策内容向公众开放、清晰可见的程度。提高政策透明度可以通过以下几个方面来实现:政府应该建立完善的信息公开制度,将政策制定的相关文件、数据和信息向社会公开,让公众了解政策制定的全过程和依据;政府部门应当主动与媒体沟通合作,及时公布政策信息,回应社会关切,确保信息的及时性和准确性;政府还可以通过建立政策解读平台或者举办公开听证会等形式,向公众解释政策的目的、意义和影响,增加政策的透明度和可理解性。

而公众参与则是政策制定过程中的重要环节,是民主政治的基础之一。鼓励公众参与政策制定,可以使政策更贴近民生需求,提高其实效性和可持续性。具体来说,政府可以通过多种途径来促进公众参与,包括但不限于以下几点:建立健全的公众参与机制,如征求意见、举办座谈会、组织公民投票等,让公众在政策制定的不同阶段都能够参与进来,发表意见和建议;政府应该积极倾听和采纳公众的意见和建议,将其纳入政策制定的过程中,形成多方参与、多方协商的决策模式;政府还可以通过提供相关培训和教育,提升公众参与的能力和水平,使公众更加理性和有效地参与政策制定。

总体来说,增强政策透明度和鼓励公众参与是提高政策社会认可度和效果的重要途径。政府应该积极采取措施,加强政策信息公开,建立公众参与机制,促进公众对政策的了解和参与,从而实现政府与民众的良好互动,推动社会治理的现代化和民主化进程。

二、优化政策结构和实施机制

优化政策结构和实施机制是推动国家发展的重要举措,它涉及政府的决策制定、资源配置、执行监督等多个方面。

政策结构的优化需要根据国家发展的阶段性特征和长远目标来进行。在这个过程中,需要充分考虑当前的社会经济形势、科技发展趋势、人口结构变化等因素,不断调整政策的重点和方向。例如,针对新兴产业的扶持政策应该更加注重创新驱动,加大对科技研发的支持力度,以提升国家的核心竞争力。

政策的实施机制需要更加科学、高效。这包括建立健全的政策评估体系,及时对政策执行效果进行评估和调整。政策的实施需要充分考虑各方利益的平衡,避免出现利益冲突和资源浪费的情况。同时,政府部门之间需要加强协调配合,形成合力,共同推动政策的贯彻执行。

加强对政策执行的监督与问责是优化实施机制的重要环节。政府应当建立完善的监督制度,确保政策执行的公平、透明和规范。对于政策执行中出现的问题和不足,应当及时追究责任,确保相关责任人承担起应有的责任,以提高政策执行的效率和效果。

政策的宣传与推广也是实施机制优化的重要一环。政府应当加强对政策的宣传,提高公众对政策的认知度和理解度,激发社会各界的参与热情,形成政府、企业和社会共同参与的良好局面,从而更好地推动政策的实施。

要实现政策结构的优化和实施机制的改进,需要全社会的共同努力和配合。政府应当积极倾听各方意见,广泛征集社会各界的建议和意见,形成共识,凝聚共识,推动改革。同时,社会各界也应当积极参与到政策制定和执行的过程中来,共同促进国家发展和社会进步。

综上所述,优化政策结构和实施机制是推动国家发展的关键一环。政府应当根据国家的实际情况和长远发展目标,不断完善政策结构,优化实施机制,推动政策的顺利实施,实现经济社会持续健康发展。同时,全社会各界也应当积极参与到政策优化和改进的过程中来,共同推动国家发展进程。

三、加强跨部门和跨区域协调

消费养老政策作为应对老龄化挑战的重要举措之一,旨在促进老年人的消费活动,激发消费潜力,提升老年人的生活质量。然而,要实现这一目标,需要政府各部门之间及不同地区之间的密切协作,才能形成合力,使政策得以顺利落地、取得实效。

跨部门协调是加强消费养老政策实施的关键一环。消费养老政策涉及多个领域,包括财政、医疗、社会保障、文化等。各部门之间需要加强沟通和协调,形成统一的政策制定和实施方案。在医疗保障方面,需要与卫生健康部门合作,建立健全老年人健康服务体系,提高医疗保障水平,保障老年人的基本医疗需求。在文化体育方面,需要与文化和体育部门合作,丰富老年人的文化娱乐生活,满足其精神需求。同时,还需要与金融、商务等部门合作,推动老年消费市场的发展,促进消费品和服务的优化升级,满足老年人多样化的消费需求。

跨区域协调也是推进消费养老政策的重要保障。我国地域广阔,区域发展不平衡,老年人的养老需求也存在差异。因此,需要加强跨区域之间的政策协调,根据不同地区的实际情况制定差异化的政策措施,确保政策的针对性和有效性。一方面,可以借鉴发达地区的经验做法,促进资源的共享和优势互补,提升欠发达地区的养老服务水平;另一方面,也要关注特定区域的特殊问题,采取针对性措施,保障边远地区和贫困地区老年人的基本生活需求。

加强跨部门和跨区域协调还需要建立健全机制和平台。可以建立专门的跨部门协调机构或工作组,负责统筹协调各部门之间的工作,推动消费养老政策的落实。同时,可以建立跨区域合作的平台和机制,促进地区之间的信息共享和资源整合,加强政策的衔接和协同,形成全国统一的养老服务体系。此外,还可以建立老龄事务专门委员会或者机构,负责协调解决老龄化带来的各种问题,推动养老事业的发展。

综上所述,加强跨部门和跨区域协调是推进消费养老政策实施的关键举措。只有各部门之间紧密协作,各地区之间形成合力,才能更好地满足老年人的养老需求,促进老年人的全面发展,实现全社会共同繁荣和进步。因此,政府应当高度重视，加强组织领导，落实相关政策，切实加强跨部门和跨区域协调，推动消费养老政策的顺利实施，实现老有所养、老有所乐的目标。

四、强化法律支持和监管框架

加强法律支持和完善监管框架，对于任何一个国家或地区来说，都是至关重要的。这不仅是为了确保政策的有效执行，也是为了维护社会秩序、保护公民权益以及促进经济发展。因此，需要采取一系列措施来强化法律支持和监管框架，以应对不断变化的社会和经济环境。

加强法律支持意味着制定清晰、具体的法律法规，以明确规范各种行为。这需要政府及时对现有法律进行修订和完善，以适应新的社会发展需求。此外，还需要加强对法律的宣传和普及工作，让公民了解自己的权利和义务，增强法治意识。

完善监管框架是确保法律有效执行的重要保障。监管框架包括监管机构的设置、职责划分、监管手段和处罚措施等方面。为了提高监管效能，需要建立健全的监管机制，加强监管人员的培训和专业能力建设，提高监管的针对性和有效性。此外，还需要加强监管信息共享和协作机制，形成监管合力，防止监管"盲区"和"漏洞"。

在加强法律支持和完善监管框架的过程中，还需要充分考虑社会各方面的利益和诉求，确保政策的公平性和合理性。这就需要政府积极倾听社会各界的意见和建议，建立起多方参与的决策机制，形成共识，凝聚合力。同时，还需要加强对法律实施效果的评估和监督，及时发现问题和不足，及时调整政策和完善法律，保持法律的及时性和适用性。

总的来说，加强法律支持和完善监管框架是确保政策和法律有效执行的关键举措。只有通过加强法律建设，完善监管机制，才能有效维护社会秩序，保护公民权益，促进经济发展，实现国家长治久安的目标。因此，政府应当高度重视这一工作，采取有力措施，全面推进法治建设，为社会的和谐稳定和持续发展提供坚实的法律保障。

五、持续评估与反馈机制

政策评估与反馈机制是政府制定和执行政策的重要环节。它不仅可以帮助政府了解政策实施的效果,还可以及时发现问题、做出调整,以更好地满足社会的需求和期待。在建立和完善政策评估及反馈机制时,需要考虑多方面的因素,包括评估指标的选择、数据收集与分析、评估结果的传达与应用等。

政策评估与反馈机制需要明确的评估指标。评估指标应该与政策的目标和预期效果相对应,既包括政策的经济效益,也包括政策对社会、环境等方面的影响。例如,对于一项环保政策,评估指标可以包括减少污染物排放量、改善空气质量等;对于一项就业政策,评估指标可以包括就业率、劳动力参与率等。在确定评估指标时,需要充分考虑各方利益,确保评估结果的客观性和全面性。

政策评估与反馈机制需要建立有效的数据收集与分析体系。政府可以通过各种手段收集相关数据,包括统计数据、调查问卷、专家意见等。同时,政府还可以利用现代信息技术手段,如大数据分析、人工智能等,对数据进行深度挖掘和分析,发现其中的规律和问题。数据收集与分析的过程需要保障数据的真实性和可靠性,避免因数据质量问题导致评估结果失真。

政策评估与反馈机制需要建立有效的评估结果传达与应用机制。评估结果应该及时向社会公布,为决策者提供参考。政府可以通过举办专题研讨会、发布评估报告等方式,向社会公众介绍评估结果,并邀请各方提出意见和建议。同时,政府还应该建立决策反馈机制,及时对评估结果进行分析和总结,做出相应的政策调整和改进。这需要政府具有较高的决策效率和执行能力,能够快速响应社会的需求和反馈。

政策评估与反馈机制需要建立持续的监督与改进机制。政府可以通过建立专门的评估机构或委员会,负责对政策效果进行跟踪和评估,提出改进建议。同时,政府还可以利用外部资源,如学术界、行业协会等,对政策效果进行独立评估,提供客观的评价和建议。通过持续的监督与改进,政府可以及时发现问题、及时调整,确保政策的科学性、合理性和有效性。

综上所述,建立和完善政策评估及反馈机制是政府提高决策水平和执行效率的重要途径。政府需要在评估指标的选择、数据收集与分析、评估结果的传达与应用等方面不断完善机制,确保评估工作的科学性、客观性和及时性,为政策的制定和实施提供有力支撑,实现社会经济的可持续发展。

第七章 技术在消费养老中的应用

在当前社会,随着人口老龄化问题的加剧以及科技的迅猛发展,技术在消费养老领域的应用日益受到重视。第七章旨在探讨技术在消费养老中的角色和价值,特别是信息技术如何支持养老服务的高效运营,智能养老产品与服务如何满足老年人的日常需求,以及技术进步对养老服务业带来的积极影响。通过对信息技术支持的介绍、智能养老产品与服务的分析,以及技术创新案例的深入探讨,本章不仅揭示了技术在提升养老服务效率和质量方面的潜力,也展示了技术创新如何为养老行业带来新的发展机遇。此外,本章还将探讨当前技术应用中存在的挑战和未来的发展趋势,为养老服务行业的技术革新和升级提供建议。

第一节 信息技术支持

一、云计算在养老信息管理中的应用

云计算技术在养老信息管理中的应用已经成为当前养老行业的重要趋势之一。随着老龄化社会的到来,养老服务需求逐渐增加,而传统的信息管理方式已经无法满足日益增长的需求。因此,利用云计算技术来优化养老信息管理已经成为一种必然选择。

云计算通过提供数据存储、处理和分析服务,为养老机构带来了诸多便利。首先是数据存储方面,养老机构通常需要处理大量的居民信息、医疗记

录等数据,传统的本地存储方式往往存在容量有限、安全性差等问题,而利用云计算的数据存储服务,则可以轻松实现海量数据的存储,并且能够根据实际需求进行灵活扩展,大大降低了存储成本;其次,在数据处理和分析方面,云计算提供了强大的计算能力和数据处理工具,可以帮助养老机构快速、高效地处理数据,实现对居民健康状况、生活习惯等信息的分析,从而为养老服务的个性化提供了有力支持。

除了以上提到的优势之外,云计算技术还可以帮助养老机构提升信息管理的效率和服务质量。在信息管理方面,云计算提供了便捷的数据共享和协作平台,不同部门之间可以实现实时的数据同步和共享,避免了信息孤岛的问题,提高了信息流通的效率。同时,云计算还可以通过智能化的数据分析和挖掘,帮助养老机构发现数据中的潜在规律和价值,为决策提供科学依据。在服务质量方面,云计算技术可以实现对养老服务的全方位监控和管理,包括居民健康状况的实时监测、服务满意度的调查等,从而及时发现问题并采取相应措施,提高了服务的及时性和准确性,增强了居民的满意度和信任度。

尽管云计算技术在养老信息管理中具有诸多优势,但也面临着一些挑战和问题。首先是数据安全和隐私保护问题。由于养老信息涉及居民的个人隐私,一旦泄露将会对居民造成严重的损害,因此如何保障数据的安全性和隐私性成为云计算在养老行业推广应用的重要难题。其次是技术标准和规范的不统一。目前,云计算行业发展迅速,但缺乏统一的技术标准和规范,导致了不同厂商之间的产品兼容性差,使得养老机构在选择和使用云计算服务时面临一定的困难。最后,云计算服务的稳定性和可靠性也是一个需要关注的问题,一旦云服务提供商出现故障或者服务中断,可能会对养老机构的信息管理和服务提供造成影响。

尽管面临着一些挑战,但云计算技术在养老信息管理中的应用前景依然广阔。未来,随着技术的不断发展和完善,相信云计算技术将会进一步成熟和普及,为养老行业带来更多的创新和变革。例如,随着人工智能和大数据技术的不断融合,可以实现对养老服务的智能化管理和个性化定制,为老年人提供更加贴心和高效的养老服务。同时,政府部门也应加强对云计算行业的监管和规范,制定相关政策和标准,保障养老信息的安全和合法性,推动云计算在养老行业的健康发展。

二、物联网技术在居家养老中的运用

在当今社会,随着人口老龄化趋势日益明显,居家养老成为一个备受关注的话题。在这种情况下,物联网技术的运用为居家养老提供了全新的解决方案。通过物联网设备监控老年人居住环境和健康状态,可以实现远程照护和紧急响应功能,从而提高老年人的生活质量,减轻家庭和社会的养老压力。

物联网技术在居家养老中的运用需要涉及设备的安装和布置,包括智能感应器、监控摄像头、智能医疗设备等。通过这些设备,可以实时监测老年人的居住环境,例如温度、湿度、气体浓度等,以及老年人的健康状态,例如心率、血压、血糖等。这些数据可以通过互联网传输到云端平台,供家庭成员、医护人员或专业机构进行远程监控和分析。

物联网技术可以实现远程照护功能。通过监控设备获取的数据,可以实时了解老年人的生活状态,及时发现异常情况并进行干预。例如,当监测到老年人长时间未活动或血压异常升高时,系统可以自动发送警报信息给家庭成员或医护人员,以便及时采取相应的措施。同时,智能医疗设备也可以实现远程诊断和治疗,为老年人提供及时的医疗服务。

另外,物联网技术还可以实现紧急响应系统的建立。在老年人发生紧急情况时,例如摔倒、突发疾病等,可以通过智能监控摄像头或穿戴式智能设备自动触发紧急求助信号。这些信号可以发送给家庭成员、社区志愿者或急救机构,以便他们及时前往救援。同时,系统还可以提供老年人的个人信息、健康档案等数据,帮助救援人员更好地了解情况并采取有效的救助措施。

除此之外,物联网技术还可以实现智能化的日常生活辅助功能。例如,智能家居系统可以根据老年人的习惯和健康状况自动调节室内环境,例如控制温度、开启空气净化器等,提高老年人的生活舒适度。智能健康管理系统可以定制个性化的健康监护方案,为老年人提供定期的健康咨询和健康管理服务。这些智能化的功能不仅能够提高老年人的生活质量,还可以减轻家庭和社会的养老压力,实现全方位的居家养老服务。

总的来说,物联网技术在居家养老中的运用,为老年人提供了更加智能化、便捷化的生活方式。通过远程照护功能和紧急响应系统,可以及时发现和处理老年人的健康问题,提高他们的生活质量和安全感。同时,智能化的日常生活辅助功能也为老年人提供了更加舒适和便利的生活环境。因此,物联网技术在居家养老中的应用前景广阔,将为老年人带来福祉,为社会带来巨大的经济效益。

三、大数据分析在养老服务需求预测中的作用

随着人口老龄化的加剧,养老服务需求日益增长,如何有效地预测和满足这些需求成为一个重要的社会问题。在这一背景下,大数据分析技术的应用为养老服务的需求预测和趋势分析提供了新的解决途径。

大数据分析技术能够从海量的数据中挖掘出潜在的需求趋势和规律。通过收集和整理各种与养老相关的数据,包括但不限于人口统计数据、健康数据、社会经济数据等,大数据分析工具可以对这些数据进行深度挖掘和分析。例如,可以利用大数据分析技术对不同年龄段、地区、经济水平的人群的养老需求进行分析,发现不同群体之间的需求差异和共性,从而为养老服务的定制和优化提供数据支持。

大数据分析可以帮助机构实现精细化的需求预测。传统的需求预测往往基于经验和简单的统计方法,难以准确捕捉到潜在的需求变化和趋势。而大数据分析技术可以通过建立复杂的预测模型,结合历史数据和实时数据,对养老服务需求进行更加精准的预测。例如,可以利用时间序列分析、回归分析等方法,预测未来某个地区或某个特定群体的养老服务需求量,为机构提前制定合理的服务策略和资源配置方案提供依据。

大数据分析还可以帮助机构进行服务质量评估和优化。通过分析用户的行为数据和反馈数据,可以及时发现和解决服务中存在的问题和不足,提升服务的满意度和质量。例如,可以利用大数据分析技术对用户的投诉数据进行分析,找出投诉频率较高的问题和原因,从而有针对性地改进服务流程和提升服务质量。

大数据分析还可以帮助机构进行资源优化和成本控制。通过对养老服务需求的精准预测和趋势分析,机构可以合理安排资源的投入和利用,避免

资源的浪费和过度投入，提高资源利用效率。例如，可以根据大数据分析的结果，灵活调整服务的开展时间和地点，优化人力和物力资源的配置，降低服务成本，提升服务效益。

综上所述，大数据分析在养老服务需求预测中具有重要的作用，不仅可以帮助机构更好地了解用户的需求和行为特征，优化服务策略和资源配置，还可以提升服务质量和降低成本，为养老服务的可持续发展提供有力支撑。随着大数据分析技术的不断发展和应用，相信其在养老服务领域的作用会越来越凸显。

四、移动应用在提高养老服务可及性中的角色

随着人口老龄化程度的日益加剧，养老服务的可及性成为一个越来越重要的议题。在这个背景下，移动应用技术的发展为改善养老服务的可及性提供了新的可能性。通过开发面向老年人的移动应用程序，提供便捷的健康咨询、社交互动和生活服务，可以有效地提高服务的可及性和便利性，从而改善老年人的生活质量。

针对老年人的健康需求，移动应用可以提供便捷的健康咨询服务。老年人由于年龄增长和健康状况的不同，对健康问题的关注度较高。而通过移动应用，他们可以随时随地获取医疗健康方面的资讯，包括常见疾病的预防、治疗方法等。这样一来，老年人不仅可以更好地了解自身健康状况，还能够及时采取相应的措施，预防疾病的发生，从而延长寿命。

移动应用还能够促进老年人之间的社交互动。随着年龄增长，很多老年人面临着社交圈子变小的问题，孤独感较为常见。而通过移动应用提供的社交功能，老年人可以轻松地与家人、朋友进行联系，分享彼此的生活点滴，增进彼此之间的情感交流。同时，一些专门为老年人设计的社交应用还能够帮助他们结识新朋友，扩大社交圈子，缓解孤独感，提升生活的乐趣和幸福感。

另外，移动应用还可以为老年人提供各种生活服务，提高生活的便利性。比如，老年人可以通过移动应用进行在线购物，订购日常生活用品和食品，避免外出购物的麻烦和风险；他们还可以使用移动支付功能进行账单缴纳、水电费用支付等，避免因外出而产生的不便。此外，一些移动应用还提供便捷

的交通服务,老年人可以通过应用软件预订出行车辆,方便快捷地完成外出活动。

通过提供健康咨询、社交互动和生活服务等功能,移动应用可以满足老年人多样化的需求,提高服务的可及性和便利性,从而改善老年人的生活质量,促进老年人健康幸福老龄化。然而,需要注意的是,为了确保老年人能够充分利用移动应用,开发者在设计时应考虑老年人的特殊需求和使用习惯,简化操作界面,提供清晰易懂的指引,保障信息安全和用户隐私,才能更好地发挥移动应用在养老服务中的作用。

五、数字化转型对养老机构运营模式的影响

数字化转型已经成为当今社会各个领域的关键趋势之一,而养老机构也不例外。随着人口老龄化问题日益突出,养老机构面临着更多的挑战,包括服务质量的提升、运营效率的提高以及成本的控制。数字化转型为养老机构带来了新的机遇,通过引入先进的信息技术支持,可以实现对运营模式的全面优化。

数字化转型可以帮助养老机构优化运营流程。传统的养老机构管理流程通常烦琐且效率低下,而数字化转型可以通过引入智能化系统来简化和优化各个环节。例如,引入智能化的排班系统可以根据老人的需求和员工的情况自动安排合适的工作时间表,从而避免人工排班的烦琐和错误。此外,数字化转型还可以帮助养老机构实现信息化管理,包括电子病历、老人档案、医疗记录等的电子化管理,提高信息检索和共享的效率,进而提升服务的质量和效率。

数字化转型可以提升养老机构的服务质量。通过引入先进的信息技术支持,养老机构可以提供更加个性化、精细化的服务。例如,可以利用大数据分析老人的健康数据和行为模式,实现个性化的健康管理和护理服务,提高老人的生活质量和幸福感。此外,数字化转型还可以引入虚拟现实技术,为老人提供更加丰富多彩的娱乐和社交活动,缓解他们的孤独和焦虑情绪,增强社区的凝聚力和归属感。

数字化转型可以降低养老机构的运营成本。传统的养老机构通常需要

大量的人力和物力资源，而数字化转型可以通过自动化和智能化技术来降低人力成本和能源成本。例如，引入智能化的环境监控系统可以实现对养老机构各个区域的实时监测和控制，有效节约能源消耗。此外，数字化转型还可以通过优化供应链管理和物资采购流程，降低采购成本和库存成本，从而降低养老机构的运营成本。

综上所述，数字化转型对养老机构的影响是全方位的，它不仅可以优化运营流程、提升服务质量，还可以降低运营成本，为养老机构的可持续发展提供有力支撑。因此，养老机构应积极把握数字化转型的机遇，加大对信息技术的投入，不断创新和改进管理模式，实现更加高效、便捷和人性化的服务。

第二节　智能养老产品与服务

一、可穿戴设备在监测老年人健康中的应用

智能养老产品与服务领域是近年来备受关注的研究和发展方向。在这个领域中，可穿戴设备在监测老年人健康方面的应用尤为突出。随着人口老龄化的加剧，老年人群体的健康管理和关怀成为社会关注的焦点。可穿戴设备通过实时监测老年人的生理参数，能够及时发现健康问题，为老年人的健康提供有效的保障和管理。

可穿戴设备通常包括智能手环、智能手表、智能眼镜等，这些设备内置了各种传感器，如心率传感器、血压传感器、运动传感器等。通过这些传感器，可穿戴设备能够实时监测老年人的生理指标，比如心率、血压、步数、睡眠质量等。同时，这些设备还具有数据传输功能，可以将监测到的数据传输到手机或云端平台，实现数据的存储和分析。

实时监测老年人的生理参数对于健康管理具有重要意义。通过监测心率和血压等指标，可穿戴设备可以及时发现老年人可能存在的心血管疾病的风险，及时采取措施进行干预和治疗，避免疾病的进一步恶化。通过监测老年人的运动量和睡眠质量，可穿戴设备可以帮助老年人建立健康的生活习惯，保持良好的身体状态。此外，可穿戴设备还可以提供紧急呼叫功能，老年

人在遇到紧急情况时可以通过设备发送求助信号,及时得到帮助,保障其安全。

除了监测生理参数,可穿戴设备还可以通过智能算法对老年人的健康状况进行分析和预测。通过对监测数据的分析,可以发现老年人存在的健康问题和潜在风险,为老年人提供个性化的健康管理方案。比如,针对某些老年人容易出现的健康问题,如高血压、糖尿病等,可穿戴设备可以提供相应的预防措施和建议,帮助老年人更好地管理自己的健康。

在智能养老产品与服务中,可穿戴设备扮演着重要的角色。它不仅可以帮助老年人监测健康状况,提供个性化的健康管理方案,还可以为老年人提供更加便捷和安全的生活方式。随着技术的不断进步和创新,可穿戴设备的功能和性能将会不断提升,为老年人的健康管理和生活服务提供更加全面和优质的支持。

总的来说,可穿戴设备在监测老年人健康方面的应用具有巨大的潜力和价值。通过实时监测生理参数和智能算法分析,可穿戴设备可以帮助老年人及时发现健康问题,提供个性化的健康管理方案,为老年人的健康和生活提供有效的保障和支持。随着智能养老产品与服务的不断发展,可穿戴设备将会在老年人健康管理中发挥越来越重要的作用。

二、智能家居系统在改善老年生活质量中的作用

智能家居系统在改善老年生活质量中扮演着越来越重要的角色。随着科技的不断进步,智能家居系统已经成为现代家庭的一部分,而对于老年人来说,它们能够提供更为安全、舒适的居住环境,帮助他们更好地享受晚年生活。

智能家居系统通过连接各种家庭设备和传感器,可以实现对家庭环境的实时监测和管理。对于老年人来说,这意味着他们可以更加方便地监测家中的温度、湿度、照明等环境参数,从而保证居住环境的舒适度和安全性。例如,智能温控系统可以根据老年人的生活习惯和健康状况自动调节室内温度,确保老年人在任何时候都能够感到舒适。

智能家居系统还可以通过智能化的安防设备为老年人提供更为安全的

居住环境。传统的安防系统通常需要老年人自己去操作,而智能家居系统则可以通过智能摄像头、门窗传感器等设备实现对家庭安全的实时监测和警报。当系统检测到异常情况时,可以及时向老年人或其监护人发送警报信息,以便他们及时采取相应的措施。这种智能安防系统不仅能够提高老年人的安全感,还可以有效预防家庭意外事件的发生。

智能家居系统还可以通过智能化的医疗监测设备为老年人提供更为贴心的照护服务。智能家居系统可以通过连接血压计、血糖仪、心率监测器等医疗设备,实现对老年人健康状况的实时监测和数据记录。当系统检测到老年人健康状况异常时,可以及时向医护人员发送警报信息,以便他们及时采取相应的医疗措施。这种智能化的医疗监测系统不仅能够帮助老年人更好地管理自己的健康,还可以减轻其家人和医护人员的负担。

除了以上几点,智能家居系统还可以通过智能化的家务管理功能为老年人提供更便捷的生活服务。例如,智能家居系统可以通过连接智能家电和智能家居设备,实现对家庭电器的远程控制和智能化调度。老年人可以通过智能手机或语音助手轻松地控制家中的灯光、空调、电视等设备,而不需要亲自去操作。这种智能化的家务管理系统不仅能够提高老年人生活的便利性,还可以减轻他们的家务负担,让他们更加轻松地享受晚年生活。

综上所述,智能家居系统在改善老年生活质量中发挥着越来越重要的作用。通过连接各种家庭设备和传感器,智能家居系统可以实现对家庭环境、安防、医疗和家务等方面的智能化管理,为老年人提供更安全、舒适的居住环境,帮助他们更好地享受晚年生活。随着科技的不断进步,相信智能家居系统将会在未来发挥更为重要的作用,为老年人提供更为贴心的生活服务。

三、虚拟现实技术在养老教育与娱乐中的应用

随着人口老龄化的不断加剧,智能养老产品与服务逐渐成为社会关注的焦点。在这个背景下,虚拟现实技术的应用在养老教育与娱乐中扮演着越来越重要的角色。虚拟现实技术为老年人提供了丰富的学习资源和娱乐体验,有效地增强了他们的生活质量。

虚拟现实技术在养老教育方面为老年人提供了更加丰富多彩的学习资

源。老年人常常面临着学习资源匮乏、学习方式单一等问题，而虚拟现实技术的应用能够打破这一局限。通过虚拟现实技术，老年人可以身临其境地参与到各种教育活动中，比如参观博物馆、历史遗迹、名胜古迹等。他们可以通过虚拟现实眼镜或设备，仿佛亲临现场一般，感受到真实的历史氛围，加深对知识的理解和记忆。同时，虚拟现实技术还可以模拟各种生活场景，帮助老年人学习日常生活技能，比如购物、烹饪、社交等，使他们更好地适应社会生活。

虚拟现实技术在养老娱乐方面也为老年人提供了丰富多样的娱乐体验。老年人在晚年生活中常常面临着孤独、无聊等问题，传统的娱乐方式可能无法满足他们的需求。而虚拟现实技术的应用能够为老年人带来全新的娱乐体验，例如虚拟现实游戏、虚拟旅游等。老年人可以通过虚拟现实设备，沉浸在各种奇幻的游戏世界中，体验冒险、探险的乐趣，从而缓解孤独和无聊的情绪。同时，虚拟现实技术还可以让老年人体验全球各地的风土人情，仿佛置身于异国他乡，开拓视野，增加生活乐趣。

除此之外，虚拟现实技术还可以在养老服务中发挥更多的作用。比如，虚拟现实技术可以为老年人提供远程医疗服务，通过虚拟医生的帮助，老年人在家中就能得到专业的医疗咨询和诊断，减少因交通不便而耽误就医的情况发生。同时，虚拟现实技术还可以为老年人提供智能化的家居服务，比如智能语音助手、智能健康监测设备等，帮助他们更好地管理生活，保障安全。

综上所述，虚拟现实技术在养老教育与娱乐中的应用为老年人提供了丰富的学习资源和娱乐体验，有效地增强了他们的生活质量。随着科技的不断进步和虚拟现实技术的不断发展，相信在未来，虚拟现实技术将会在智能养老领域发挥越来越重要的作用，为老年人的晚年生活带来更多的便利和快乐。

四、远程医疗服务在养老健康管理中的应用

远程医疗服务作为智能养老产品与服务的重要组成部分，为老年人提供了便捷的健康咨询和治疗服务，显著减少了他们前往医院就诊的需求。远程医疗服务通过结合先进的通信技术和医疗资源，为老年人提供了更加便捷、

及时和高效的医疗健康管理方案，以下将从不同方面进行详细探讨。

远程医疗服务通过视频通话等技术手段，实现了医生与老年人之间的远程沟通。老年人可以通过智能手机、平板电脑等设备，随时随地与医生进行交流。这种形式的医疗服务打破了传统医疗服务的时空限制，老年人不再需要长时间等待医生的门诊时间，也不必费时费力地前往医院就诊，只需轻轻一点，就能与医生进行面对面的交流，获取所需的医疗咨询和建议。这种便捷的沟通方式极大地提高了老年人就医的效率，同时也解决了他们因为交通不便或身体不适而无法前往医院就诊的困扰。

远程医疗服务还通过远程监测技术，实现了对老年人健康状况的实时监测和管理。例如，老年人可以佩戴智能健康监测设备，监测心率、血压、血糖等生理指标，并将监测数据通过互联网传输到医生或医疗机构，医生可以及时了解老年人的健康状况，并根据监测数据调整治疗方案。这种远程监测技术不仅能够帮助老年人及时发现健康问题，减少因病情恶化而导致的紧急情况发生，还能够降低因频繁就医而给老年人带来的经济和心理负担。

远程医疗服务还为老年人提供了在线健康管理平台。通过这种平台，老年人可以随时查阅自己的健康档案、药物处方等信息，管理自己的健康记录，并参与医生或专家组织的健康管理课程。这种在线健康管理平台为老年人提供了一个方便、安全的健康管理工具，帮助他们更好地了解和管理自己的健康状况，预防慢性病的发生和进展。

远程医疗服务还通过智能医疗设备和智能家居系统，实现了老年人居家养老的智能化管理。例如，智能医疗设备可以自动监测老年人的健康指标，并在发现异常情况时自动向医生或家属发送预警信息；智能家居系统可以通过感应器和摄像头监测老年人的活动和生活环境，并在发现异常情况时及时报警或自动采取措施。这种智能化管理系统不仅能够提高老年人居家生活的安全性和舒适性，还能够减轻家庭成员和医护人员的负担，延长老年人在家庭中的居住时间。

综上所述，远程医疗服务作为智能养老产品与服务的重要组成部分，为老年人提供了便捷的健康咨询和治疗服务，减少了他们前往医院就诊的需求，极大地提高了老年人的生活质量和医疗保障水平。随着科技的不断进步和医疗模式的不断创新,远程医疗服务将在未来发挥越来越重要的作用,为老年人的健康管理和养老生活提供更加全面、便捷和高效的解决方案。

第三节　技术对养老服务的影响

一、技术进步对老年人生活质量的提升

随着科技的不断进步,技术对养老服务的影响越来越显著,尤其是对老年人生活质量的提升方面有着深远的影响。

健康监测方面,技术的发展为老年人提供了更便捷、准确的健康监测手段。传感器技术的应用使得老年人可以随时随地监测自己的健康状况,例如智能手环、智能血压计、智能血糖仪等。这些设备可以实时监测老年人的心率、血压、血糖等生理指标,同时记录并分析数据,及时发现异常情况并提供预警。这种个性化的健康监测系统使得老年人能够更好地管理自己的健康状况,及时调整生活方式或就医,从而提高生活质量。

除了传感器技术,人工智能(AI)在健康监测方面也发挥着重要作用。AI算法可以通过分析大数据识别出潜在的健康风险因素,帮助老年人预防疾病。例如,通过监测老年人的日常活动模式、饮食习惯、睡眠质量等数据,AI系统可以提供个性化的健康建议,并警示老年人注意潜在的健康风险。这种智能化的健康管理方式有助于老年人更好地保持健康,延缓衰老过程,提高生活质量。

在居家安全方面,技术的应用也为老年人提供了更多保障。智能家居系统可以监测老年人居住环境的安全性,预防意外事件的发生。例如,智能烟雾报警器可以及时发现火灾风险,智能摄像头可以监测家中的活动情况,智能门锁可以防止陌生人入侵。这些设备通过联网、智能化的方式,提高了老年人居家生活的安全性,减少了各类意外事件对老年人生活的影响,从而增强了他们的生活质量感。

除了居家安全,智能辅助设备也为老年人提供了更多生活便利。智能助听器、智能眼镜等辅助设备可以弥补老年人视听功能的减退,提高他们的生

活质量。例如,智能助听器可以根据环境噪音自动调整音量,提高老年人的听觉体验;智能眼镜可以提供增强现实技术,帮助老年人更清晰地看到周围环境。这些智能辅助设备不仅提高了老年人的生活质量,还增强了他们的自主性和社会参与感。

总的来说,技术对养老服务的影响在提升老年人生活质量方面具有显著作用。通过改善健康监测、居家安全等方面,技术为老年人提供了更多便利和保障,帮助他们更好地保持健康、安全和自主,享受更高质量的生活。随着科技的不断发展,相信技术将会为老年人提供更多、更好的养老服务,进一步提升他们的生活品质。

二、技术应用在养老服务中的障碍与挑战

在当今社会,随着人口老龄化问题日益突出,养老服务领域面临着前所未有的挑战。技术在养老服务中的应用被视为一种解决方案,可以提高服务质量、提升效率、减轻护理负担,然而,技术应用在养老服务中也面临着诸多障碍与挑战。

成本是技术应用在养老服务中的一大障碍。尽管现代科技不断发展,许多高科技产品和服务已经问世,但其成本仍然较高。老年人大多处于固定的经济状况,无法轻易承担高昂的技术费用。即使是一些基本的辅助设备,如智能助行器、智能药盒等,价格也可能超出老年人的经济承受范围。因此,养老服务机构在引入新技术时往往会面临资金压力,需要在成本与效益之间进行权衡。

老年人的技术接受度是另一个值得关注的问题。尽管现代老年人普遍具有一定程度的科技素养,但与年轻人相比,他们的数字技能和对新技术的接受度普遍较低。许多老年人对于使用智能手机、平板电脑等设备感到陌生,或者对于新兴的智能养老产品缺乏信任。因此,在推广技术应用于养老服务时,需要考虑老年人的特殊需求和使用习惯,提供易于操作、简单直观的界面,并配以详细的培训和支持服务,以提高老年人对技术的接受度。

隐私与安全问题也是技术应用在养老服务中的一大挑战。随着智能设备的普及,涉及个人隐私的风险日益增加。例如,智能监测设备可能会收集

老年人的健康数据、活动轨迹等敏感信息,一旦泄露或被滥用,将对老年人的隐私和安全造成严重威胁。因此,养老服务机构需要加强数据安全保护措施,采用加密技术、权限管理等手段,保障老年人的个人隐私和信息安全。

除此之外,技术应用在养老服务中还面临着技术更新换代快、老年人适应能力不足、服务个性化需求等挑战。随着科技的不断进步,新一代的技术产品和服务层出不穷,养老服务机构需要不断跟进,更新设备、培训人员,以满足老年人不断变化的需求。另外,老年人的健康状况、生活习惯等因素各不相同,需要个性化的养老服务方案,然而,现有的技术产品和服务往往缺乏针对性,难以满足老年人多样化的需求。

综上所述,技术应用在养老服务中虽然具有巨大的潜力,但其面临诸多挑战与障碍。在克服成本、提高老年人技术接受度、加强隐私与安全保护、应对技术更新换代等方面,需要养老服务机构、科技企业、政府等多方共同努力,以促进科技与养老服务的深度融合,更好地满足老年人日益增长的养老需求。

三、数字鸿沟在养老服务中的影响

随着科技的迅猛发展,数字化已经深刻地改变了人们的生活方式,包括养老服务领域。然而,这种技术发展与老年人的技术适应能力之间的差距,即数字鸿沟,给养老服务带来了一系列挑战与影响。

数字鸿沟导致了老年人在享受养老服务方面的不平等。由于技术的快速更新换代,许多老年人可能无法跟上技术的步伐,从而无法享受到最新的养老服务。这种不平等不仅在使用便捷的在线养老服务方面表现出来,还可能影响到医疗、社交等方面的服务。

数字鸿沟加剧了老年人的社会孤立感。随着越来越多的服务和社交活动转移到了线上平台,那些不擅长或不熟悉使用技术的老年人可能会感到被边缘化和孤立。他们可能无法轻松地与家人、朋友或社区保持联系,缺乏社交活动可能会导致心理健康问题的加剧。

数字鸿沟也影响了老年人对健康管理的能力。许多健康管理应用程序和在线平台提供了便捷的健康监测和医疗咨询服务,但老年人可能无法有效地利用这些资源。他们可能无法准确地操作健康应用程序，也可能缺乏对在线医疗咨询的信任，从而导致健康管理的不足。

数字鸿沟还对老年人的金融安全产生了影响。随着数字支付和网上银行等服务的普及，老年人可能面临着来自网络诈骗和身份盗窃等方面的风险。缺乏对网络安全的认识和技能使他们更容易成为网络犯罪的受害者，从而威胁到他们的财务安全。

解决数字鸿沟对养老服务的影响，需要采取一系列措施。首先，需要提高老年人的数字素养，包括提供相关培训课程和资源，帮助他们更好地利用技术；其次，应该加强社区服务的覆盖范围，为那些无法或不愿意使用技术的老年人提供传统的服务方式；最后，还需要加强对网络安全的教育和监管，保护老年人的财务安全。最重要的是，社会应该重视老年人的需求，确保他们在科技发展的浪潮中不被忽视或边缘化。

综上所述，数字鸿沟对养老服务产生了广泛而深远的影响。只有通过采取积极的措施，才能够减缓这种影响，促进老年人的健康、社交和财务安全。这不仅是对老年人权益的尊重，也是社会发展的必要之举。

四、技术在提升养老服务效率中的作用

随着人口老龄化的加剧，养老服务面临着日益增长的挑战。而技术的发展与应用，特别是自动化和智能化工具的创新，对提升养老服务的效率和效果起着至关重要的作用。

技术的自动化应用对养老服务的效率提升具有重要意义。自动化技术可以减少人力资源的投入，并降低养老服务的运营成本。例如，智能化的健康监测设备可以实时监测老年人的健康状况，及时发现异常情况并采取相应措施，减少了对护理人员的依赖，提高了服务的响应速度和质量。另外，自动化的排班系统可以根据老年人的需求和护理人员的工作时间自动进行匹配，确保服务的连续性和高效性。这些自动化工具的应用，大大提升了养老服务的运行效率，为老年人提供了更加便捷、可靠的服务。

智能化技术在养老服务中的应用也为提升服务效果提供了有力支持。人工智能和机器学习等技术的发展，使得智能化护理机器人成为可能。这些

机器人可以承担起部分日常护理工作，如搬运、清洁、陪伴等，为护理人员减轻了工作负担，同时也提高了服务的标准化和规范化水平。此外，智能化的健康管理系统可以根据老年人的个体情况，提供个性化的健康管理方案，包括定制化的饮食、运动和用药建议，从而更好地满足老年人的健康需求，提升养老服务的效果。

技术还为养老服务提供了更加便捷和全面的信息化支持。通过互联网和移动应用等技术手段，老年人和其家属可以方便地获取养老服务相关的信息，包括服务项目、机构评价、费用标准等，从而更加理性地选择适合自己的养老服务方式和机构。同时，互联网还为老年人提供了丰富多彩的社交和娱乐资源，促进了他们的精神生活和社会融入，提升了养老服务的综合效果。

技术的应用还为养老服务提供了更加安全和可靠的保障。智能化的安防系统可以实时监控老年人居住环境的安全状况，及时发现火灾、漏水等安全隐患并报警，保障老年人的人身和财产安全。同时，基于物联网技术的智能穿戴设备可以实时监测老年人的行动轨迹和身体健康状况，一旦发生意外情况可以及时通知护理人员或家属，及时采取救援措施，最大限度地降低了老年人生活的风险，提升了养老服务的可靠性。

综上所述，技术在提升养老服务效率和效果方面发挥着不可替代的作用。通过自动化和智能化工具的创新应用，可以降低运营成本、提高服务标准、提升服务质量，从而更好地满足老年人的养老需求，促进社会的健康和稳定发展。因此，政府、企业和社会应当加强技术创新和应用，不断完善养老服务体系，为老年人提供更加优质、便捷的养老服务。

五、个性化养老服务的技术赋能

随着人口老龄化趋势的加剧，养老服务的需求日益增长，如何提供个性化、多样化的养老服务成为摆在社会面前的重要课题。技术的迅猛发展为实现个性化养老服务提供了丰富的可能性和支持。在技术的推动下，养老服务不再是一种单一模式的提供，而是能够更好地满足老年人不同的健康、生活和社交需求。

个性化养老服务的实现得益于信息技术的发展。随着互联网、物联网、人工智能等技术的广泛应用,老年人可以通过智能设备和应用获取个性化的健康管理服务。比如,智能手环可以监测老年人的健康数据,并提供个性化的健康建议;智能家居系统可以根据老年人的习惯和健康状况自动调整环境,保障他们的舒适和安全。这些技术的应用使得养老服务更加精细化和个性化,有针对性地满足老年人的健康需求。

虚拟现实(VR)和增强现实(AR)技术为老年人提供了丰富多彩的生活体验。通过 VR 技术,老年人可以身临其境地体验旅游、参加文化活动、甚至是参与远程社交,实现了他们因身体状况或交通限制而无法获得的体验。AR 技术则可以为老年人提供增强的生活辅助功能,比如实时翻译、语音识别等,帮助他们更便捷地与外界沟通交流。这些技术的应用为老年人的生活增添了更多元化和有趣的选择,满足了他们多样化的生活需求。

社交媒体和在线社区为老年人提供了拓展社交圈子的机会。随着智能手机和平板电脑的普及,老年人可以轻松地使用社交媒体应用和参与在线社区,与家人、朋友甚至是陌生人进行交流和互动。这种虚拟社交的形式不仅弥补了老年人由于身体原因无法进行面对面交流的缺陷,还为他们提供了更多结识新朋友、分享生活经验的机会。通过社交媒体和在线社区,老年人可以找到志同道合的伙伴,建立起支持和陪伴的网络,提升了他们的生活质量和幸福感。

总的来说,技术对养老服务的影响主要体现在个性化养老服务的实现上。信息技术的发展使得养老服务更加精细化和个性化,为老年人提供了更好的健康管理和生活支持;虚拟现实和增强现实技术丰富了老年人的生活体验,实现了他们因身体状况或交通限制而无法获得的体验;社交媒体和在线社区拓展了老年人的社交圈子,为他们提供了更多交流和互动的机会。随着技术的不断创新和应用,相信个性化养老服务将会变得更加普及和完善,为老年人的幸福晚年提供更好的支持和保障。

第四节 技术创新案例分析

一、智慧养老社区的建设案例

智慧养老社区的建设是当代社会关注的重要议题之一。随着人口老龄化趋势的加剧,养老服务的需求日益增长,传统的养老方式已经无法满足老年人日益多样化的需求。智慧养老社区应运而生,通过信息技术、智能设备等先进科技的运用,致力于构建一个高效、舒适的养老环境,为老年人提供更加便捷、安全、智能化的生活体验。

智慧养老社区在基础设施建设上有着突出的特点。传统的养老机构可能存在设施老化、管理混乱等问题,而智慧养老社区则通过引入智能化设备和系统,实现了设施的全面升级和管理的精细化。比如,智能化的门禁系统可以通过人脸识别或者身份验证等技术,确保社区内的安全性;智能化的环境监测系统能够实时监测空气质量、温湿度等环境指标,保障老年人生活的健康舒适。

智慧养老社区注重服务的个性化和定制化。传统的养老服务可能较为单一,难以满足老年人多样化的需求,而智慧养老社区则通过信息技术的运用,实现了服务的个性化定制。比如,通过智能健康管理系统,老年人可以实时监测自己的健康数据,并且根据个体的健康状况提供相应的健康建议和服务;智能化的餐饮系统可以根据老年人的饮食偏好和营养需求,提供个性化的餐饮方案。

智慧养老社区重视社交和互动的建设。老年人在晚年往往容易感到孤独和无助,因此社交和互动对于他们的心理健康至关重要。智慧养老社区通过信息技术的运用,打破了传统养老机构中的空间限制和信息壁垒,为老年人提供了更加丰富多样的社交和互动方式。比如,通过智能化的社交平台,老年人可以与家人、朋友进行实时视频通话,分享生活的喜悦和忧虑;智能化的活动组织系统可以根据老年人的兴趣爱好,定期组织丰富多彩的文体活动,增强老年人之间的交流和互动。

智慧养老社区注重智能化的管理和运营。传统的养老机构可能存在管理效率低下、资源浪费等问题,而智慧养老社区则通过信息技术的运用,实现了管理和运营的智能化和精细化。比如,智能化的设备监控系统可以实时监测设备的运行状态,提前预警可能出现的故障,从而减少维修成本和人力资源的浪费;智能化的数据分析系统可以对老年人的生活习惯和健康状况进行大数据分析,为社区管理者提供科学依据,优化服务方案和资源配置。

二、智能穿戴设备在老年健康管理中的应用案例

随着全球老龄化进程的加速,老年健康管理成为一个备受关注的话题。智能穿戴设备作为一种新型科技产品,正在逐渐渗透到老年健康管理的领域,并展现出了巨大的潜力。

下面将通过一款智能手表在老年健康管理中的应用案例,来详细了解智能穿戴设备在这一领域中的作用。

该智能手表配备了多种传感器,可以实时监测用户的生理参数,如心率、血压、血氧饱和度等。对于老年人来说,及时监测这些生理参数对于健康管理至关重要。通过该智能手表,老年人可以随时随地监测自己的健康状况,一旦发现异常情况,可以及时采取相应措施或就医,从而避免疾病的恶化。

老年人保持适当的运动量对于身体健康非常重要,但是对于一些老年人来说,由于身体状况或者其他原因,很难确定合适的运动方式和强度。该智能手表可以通过内置的运动追踪功能,监测用户的运动情况,并提供个性化的运动指导。比如,根据用户的步数、心率等数据,提供合适的运动建议,帮助老年人科学合理地进行运动,提高身体素质和健康水平。

老年人跌倒是一个常见且危险的情况,尤其是对于居住独居的老年人来说。该智能手表配备了跌倒检测功能,可以自动检测到用户是否发生了跌倒,并在发现跌倒后自动发出紧急求助信号。这对于及时救助跌倒的老年人,减少事故的发生,保障老年人的安全具有重要意义。

该智能手表可以将用户的健康数据进行存储和管理,并且用户还可以选择与家人、医生等分享这些数据。这对于老年人的健康管理来说非常有益,

家人和医生可以通过监测健康数据，了解老年人的健康状况，并及时提供帮助和建议。

通过以上案例分析，我们可以清晰地看到智能穿戴设备在老年健康管理中的重要作用。随着科技的不断发展和智能穿戴设备的不断完善，相信它们将会在老年健康管理领域发挥出更加重要的作用，为老年人的健康提供更加全面和有效的管理服务。

三、远程医疗服务养老应用

远程医疗服务在养老领域的应用是一项正在迅速发展并深刻改变养老模式的创新技术。随着人口老龄化的加剧，老年人的医疗需求日益增长，而传统的医疗服务模式往往存在着资源分配不均、就医不便等问题，远程医疗服务的出现为解决这些问题提供了新的途径和可能性。

远程医疗服务通过信息技术的应用，实现了医疗资源的在线化和智能化利用。老年人通常因为身体状况的限制或交通不便而难以及时获得医疗服务，而远程医疗服务可以通过视频通话、远程监测等方式，让老年人足不出户就能与医生进行实时交流，获取专业的医疗建议和诊疗服务。这种模式不仅解决了老年人就医难的问题，还提高了医疗资源的利用效率，减少了医疗服务的时间成本和交通成本。

远程医疗服务为老年人提供了更为个性化和贴心的医疗服务。通过远程监测设备，医生可以实时了解老年人的健康状况和生活习惯，及时发现异常情况并进行干预，从而有效预防疾病的发生和恶化。而且，在线医疗服务平台通常会根据老年人的健康状况和需求，为其量身定制健康管理方案，包括定期的健康评估、营养指导、运动锻炼等，从而帮助老年人保持良好的身体状态和生活质量。

另外，远程医疗服务还能够促进老年人与家庭成员、社区医疗机构之间的互动和合作。通过远程医疗平台，家庭成员可以随时了解老年人的健康状况和医疗情况，及时提供必要的照顾和支持。同时，老年人在家庭成员的陪伴下，更容易接受医疗服务和康复护理，心理上也更加安心和舒适。此外，社区医疗机构可以通过远程医疗平台，为老年人提供更加便捷和高效的医疗服务,建立起医患双向沟通的机制,共同促进老年人的健康管理和康复护理。

远程医疗服务还可以为老年人提供更广泛的医疗资源和专业的医疗团队支持。通过远程医疗平台,老年人可以与全国甚至全球范围内的顶尖医疗专家进行在线会诊,获取更为专业和权威的医疗建议和诊疗方案;同时,医疗团队之间可以实现跨地域、跨部门的协作和共享,为老年人提供更为综合和优质的医疗服务。

综上所述,远程医疗服务在养老领域的应用,不仅能够帮助老年人获取更便捷、更个性化的医疗服务,还能够促进家庭成员、社区医疗机构和专业医疗团队之间的合作与共享,共同保障老年人的健康和生活质量。随着信息技术的不断发展和医疗模式的不断创新,相信远程医疗服务在养老领域的应用将会取得更大的成就,为老年人的健康和幸福生活提供更多可能性和保障。

四、人工智能在解决养老人力不足问题中的应用

人工智能(AI)在解决养老人力不足问题方面具有巨大潜力。随着全球人口老龄化趋势的加剧,养老服务面临着越来越大的挑战。传统的人力资源在满足养老需求方面已经显得力不从心,因此,利用人工智能技术来替代或辅助人力成为一种创新的解决方案。

人工智能在养老服务中的应用可以大大提高服务的效率和质量。通过机器学习算法和大数据分析,人工智能可以对老年人的健康状况、生活习惯以及行为模式进行智能化的监测和分析。智能穿戴设备可以实时监测老年人的生理指标,并及时发现异常情况,从而提前预防疾病的发生。此外,智能家居系统可以根据老年人的行为习惯和健康需求,自动调节室内环境,提供更加舒适和安全的居住环境。这些智能化的监测和管理系统可以减轻养老院工作人员的负担,使他们能够更专注于提供更为人性化的服务。

人工智能还可以通过机器人技术来辅助养老服务。目前,越来越多的养老机构开始引入服务型机器人,用于陪伴、照顾老年人。这些机器人可以根

据老年人的喜好和需求,提供个性化的服务,如陪伴老年人聊天、播放音乐、提供信息咨询等。与传统的人力资源相比,机器人具有 24 小时不间断工作、不受情绪波动和疲劳影响的优势,可以为老年人提供更加稳定和可靠的服务。同时,机器人还可以通过语音识别和自然语言处理技术与老年人进行交流,帮助他们缓解孤独和焦虑,提高生活质量。

另外,人工智能还可以通过虚拟现实(VR)和增强现实(AR)技术来提供远程医疗和康复服务。老年人往往面临着行动不便、交通不便等问题,难以及时就医或接受康复训练。而利用 VR 和 AR 技术,老年人可以在家中通过虚拟环境进行远程会诊和康复训练,无须前往医院或康复中心。医生和康复师可以通过远程监控和指导,实时调整治疗方案,提高治疗效果和康复速度。这种基于人工智能的远程医疗和康复服务不仅可以解决老年人力资源不足的问题,还可以提高医疗资源的利用效率,减少医疗成本。

总体来说,人工智能在解决养老人力不足问题方面发挥着重要作用。通过智能化的监测和管理系统、服务型机器人以及远程医疗和康复技术,人工智能可以提高养老服务的效率、质量和可及性,为老年人提供更加人性化和个性化的照顾。然而,同时也需要注意人工智能技术的发展可能带来的伦理和隐私问题,保障老年人的权益和安全。因此,在推广人工智能技术的同时,还需要加强相关法律法规的制定和监管,确保其在养老服务中的合理和安全应用。

五、基于大数据的养老服务需求预测系统开发案例

在当前社会老龄化趋势日益加剧的背景下,养老服务需求呈现出多样化、个性化的特点,这对养老服务资源的合理配置提出了挑战。为了更好地满足老年人的养老需求,提高养老服务的效率和质量,开发一个基于大数据分析的养老服务需求预测系统十分必要。这样的系统将能够准确预测养老服务的需求趋势,为养老机构、政府部门等提供科学依据,指导资源的合理配置和优化。

该系统的架构设计是关键的一步。它应该包括数据收集、数据处理、模型建立和预测结果展示等模块。数据收集模块负责从各种数据源中获取相

关数据，包括但不限于老年人健康档案、社会经济数据、医疗保健记录等。数据处理模块对获取的原始数据进行清洗、整合、标准化等预处理工作，以便后续的建模分析。模型建立模块采用机器学习、数据挖掘等技术，基于历史数据建立预测模型，并不断优化模型以提高预测准确度。预测结果展示模块将预测结果以可视化的方式呈现给用户，帮助他们更直观地了解养老服务需求的趋势和变化。

在数据采集方面，系统可以通过各种渠道获取数据，包括政府部门的统计数据、医疗机构的医疗记录、养老机构的服务数据等。这些数据可以是结构化的数据，如数据库中的表格数据；也可以是非结构化的数据，如文本、图片、视频等。在数据处理方面，需要利用数据清洗、数据集成、数据转换等技术对原始数据进行处理，消除数据中的噪声和错误，统一数据格式和单位，以便后续的分析建模工作。

模型建立阶段是系统的核心部分。可以利用各种机器学习算法，如回归分析、决策树、随机森林、神经网络等，建立预测模型。在模型建立过程中，需要选取合适的特征变量，并进行特征工程以提取和构建有效的特征。同时，需要对模型进行训练和评估，采用交叉验证等方法评估模型的性能，并不断调整模型参数以优化预测效果。另外，还可以考虑引入时序模型，以更好地捕捉养老服务需求的时序变化规律。

最后，预测结果需要以直观、易懂的方式展示给用户，帮助他们做出合理的决策。可以采用数据可视化技术，如折线图、柱状图、热力图等，将预测结果呈现在用户界面上。此外，还可以设计预测结果的分析报告，对预测结果进行解释和分析，提供决策支持。预测结果可以帮助养老机构制定服务规划，政府部门调整政策措施，以及相关企业开展市场营销等活动，从而更好地满足老年人的养老需求，提高养老服务的效率和质量。

系统实施阶段需要考虑系统的部署和运行维护。需要建立数据安全和隐私保护机制，确保用户数据的安全和合法使用。同时，还需要进行系统的定期维护和更新，不断优化算法模型，适应养老服务需求的变化。效果评估阶段可以通过实际应用和用户反馈来评估系统的预测准确度和应用效果，不断改进系统的功能和性能，提高系统的实用性和可靠性。

综上所述，基于大数据分析的养老服务需求预测系统开发，是一项复杂而重要的工程。通过合理设计系统架构、有效采集和处理数据、建立和优化预测模型、展示和应用预测结果，可以为养老服务的合理配置提供科学依据，促进养老服务的可持续发展。

参考文献

[1] 尹训银.亲情营销、价格不透明等影响老年人消费体验[N].中国消费者报,2024-03-15(3).

[2] 曹茜."社会交往"成为居家养老最主要需求[N].济南日报,2024-03-12(4).

[3] 高倩荷.实体店消费仍占主流　养老服务需求待挖潜[N].中山日报,2024-03-01(4).

[4] 赵熠如.优化用户体验　数字技术适老化改造提速[N].中国商报,2024-01-02(2).

[5] 刘萌.不同收入水平下子女数量与家庭养老消费关系研究——基于城乡差异视角的分析[J].价格理论与实践,2023(8):97-100+209.

[6] 赵恒,周延.时间银行养老模式可行性研究及普惠化设计[J].城市问题,2023(8):73-82.

[7] 欧阳洁,刘新吾,李蕊.银发消费让老年人幸福生活[N].人民日报,2023-07-05(19).

[8] 王馨玮.不同养老模式下社交网络对老年人口消费倾向的影响[J].商业经济研究,2023(13):55-58.

[9] 崔孝伟.我国养老保险对居民家庭消费的影响研究[D].济南:山东财经大学,2023.

[10] 周心怡.职工养老保险征缴对我国居民消费的影响研究[J].社会保障研

究,2023(2):47-61.

[11] 董克用,周宁.我国个人养老金消费积累渠道的现实探索与未来展望[J].东岳论丛,2023,44(5):113-122+192.

[12] 索木芽,汤哲.老年人消费环境仍需提升"适老化"——2022年养老消费调查项目研究报告发布[J].中国社会工作,2023(14):36-37.

[13] 周燕,党瑞英,徐亮,等.医养结合社区居家养老的影响因素[J].中国老年学杂志,2016,36(23):6000-6002.

[14] 马骏.中国人口老龄化及其政策应对研究[M].南京:南京大学出版社,2023.

[15] 纪园园.收入差距、总需求不足与经济增长研究[M].上海:上海社会科学院出版社,2021.

[16] 李超.中国老龄产业发展研究[M].北京:中国人民大学出版社,2014.

[17] 杨健.中国养老金水平协调研究[M].北京:世界图书出版公司,2014.